"十三五"职业教育国家规划教材

高职高专系列教材

ERP 沙盘模拟实训教程

主　编　赵　砚

副主编　李益鸿　汪　琛　张金鹏

参　编　顾胜杰　陈越栋　郭开元　李昌昊

机械工业出版社

为便于学生更好更快地掌握 ERP 沙盘模拟课程的内容，在遵循学生基本认知规律的基础上，我们将电子沙盘和人机对抗系统进行了整合，重构了一套"模拟经营——人机对抗——实战对抗"的 ERP 沙盘模拟教学内容。本书项目一为 ERP 沙盘认知，主要介绍 ERP 沙盘的起源与含义、课程内容、课程形式以及课程考核；项目二为 ERP 沙盘模拟经营，主要介绍团队组建与分工、模拟经营的流程以及企业模拟经营；项目三为 ERP 沙盘人机对抗，主要介绍人机对抗系统的安装、使用以及人机对抗；项目四为 ERP 沙盘实战对抗，主要介绍系统初始化、规则解读、详单分析、方案设计以及实战对抗；项目五为 ERP 沙盘模拟经营分析与总结，主要介绍如何认识和剖析企业的经营；项目六为经典案例分析及大赛经验分享，主要介绍沙盘模拟比赛的常用战术、战略以及参赛选手的实战总结。本书立足教学，放眼比赛，注重实战，对广大 ERP 沙盘模拟爱好者有一定的参考价值。

本书既可用作高等院校经管类专业或非经管类专业 ERP 沙盘模拟实训教材，也可用作相关培训人员及参赛选手的参考用书。

图书在版编目（CIP）数据

ERP 沙盘模拟实训教程/赵砚主编．—北京：机械工业出版社，2019.3（2022.1 重印）
高职高专系列教材
ISBN 978-7-111-61902-4

Ⅰ．①E… Ⅱ．①赵… Ⅲ．①企业管理—计算机管理系统—高等职业教育—教材 Ⅳ．①F272.7

中国版本图书馆 CIP 数据核字（2019）第 016492 号

机械工业出版社（北京市百万庄大街 22 号　邮政编码 100037）
策划编辑：孔文梅　　责任编辑：孔文梅　张潇杰
责任校对：李　杉　　封面设计：鞠　杨
责任印制：单爱军
北京虎彩文化传播有限公司印刷
2022 年 1 月第 1 版第 6 次印刷
184mm×260mm・12 印张・285 千字
标准书号：ISBN 978-7-111-61902-4
定价：35.00 元

电话服务　　　　　　　　网络服务
客服电话：010-88361066　　机　工　官　网：www.cmpbook.com
　　　　　010-88379833　　机　工　官　博：weibo.com/cmp1952
　　　　　010-68326294　　金　书　网：www.golden-book.com
封底无防伪标均为盗版　　机工教育服务网：www.cmpedu.com

关于"十三五"职业教育国家规划教材的出版说明

2019年10月,教育部职业教育与成人教育司颁布了《关于组织开展"十三五"职业教育国家规划教材建设工作的通知》(教职成司函〔2019〕94号),正式启动"十三五"职业教育国家规划教材遴选、建设工作。我社按照通知要求,积极认真组织相关申报工作,对照申报原则和条件,组织专门力量对教材的思想性、科学性、适宜性进行全面审核把关,遴选了一批突出职业教育特色、反映新技术发展、满足行业需求的教材进行申报。经单位申报、形式审查、专家评审、面向社会公示等严格程序,2020年12月教育部办公厅正式公布了"十三五"职业教育国家规划教材(以下简称"十三五"国规教材)书目,同时要求各教材编写单位、主编和出版单位要注重吸收产业升级和行业发展的新知识、新技术、新工艺、新方法,对入选的"十三五"国规教材内容进行每年动态更新完善,并不断丰富相应数字化教学资源,提供优质服务。

经过严格的遴选程序,机械工业出版社共有227种教材获评为"十三五"国规教材。按照教育部相关要求,机械工业出版社将坚持以习近平新时代中国特色社会主义思想为指导,积极贯彻党中央、国务院关于加强和改进新形势下大中小学教材建设的意见,严格落实《国家职业教育改革实施方案》《职业院校教材管理办法》的具体要求,秉承机械工业出版社传播工业技术、工匠技能、工业文化的使命担当,配备业务水平过硬的编审力量,加强与编写团队的沟通,持续加强"十三五"国规教材的建设工作,扎实推进习近平新时代中国特色社会主义思想进课程教材,全面落实立德树人根本任务。同时突显职业教育类型特征,遵循技术技能人才成长规律和学生身心发展规律,落实根据行业发展和教学需求及时对教材内容进行更新的要求;充分发挥信息技术的作用,不断丰富完善数字化教学资源,不断提升教材质量,确保优质教材进课堂;通过线上线下多种方式组织教师培训,为广大专业教师提供教材及教学资源的使用方法培训及交流平台。

教材建设需要各方面的共同努力,也欢迎相关使用院校的师生反馈教材使用意见和建议,我们将组织力量进行认真研究,在后续重印及再版时吸收改进,联系电话:010-88379375,联系邮箱:cmpgaozhi@sina.com。

机械工业出版社

前　言

ERP 沙盘模拟教学以其科学、简易、实用、趣味的设计为大家所关注，该课程陆续被高等院校接受并引进，其体验式教学方式成为继传统教学及案例教学之后教学创新的典范。

ERP 沙盘模拟采用沙盘情景模拟教学模式，建立 ERP 沙盘模拟经营对抗平台，通过游戏模拟展示企业经营和管理的全过程，使学习者领悟科学的管理规律，提升其企业管理能力，帮助高校培养高素质、应用型人才。为此，我们编写了这本既适合于课堂教学又适合于竞赛辅导的《ERP 沙盘模拟实训教程》。

本书以用友商战电子沙盘和百树人机对抗系统为教学平台，系统地阐述了 ERP 沙盘模拟教学的两种模式，即人机对抗和实战对抗。这两种形式一定程度上相辅相成，极大地促进了该教学形式的发展，深受诸多院校的欢迎。全书包括 6 个主题：ERP 沙盘认知、ERP 沙盘模拟经营、ERP 沙盘人机对抗、ERP 沙盘实战对抗、ERP 沙盘模拟经营分析与总结和经典案例分析及大赛经验分享。其中，经营分析与总结和经典案例分析及大赛经验分享是由辅导和参加全国、省级大学生沙盘模拟竞赛的师生共同编写，可以帮助学员解读企业经营的成功秘籍。本书配有课程考核指南、电子预算表、实训日志以及教学资源等，使本书不仅可以作为实训指导书，也可作为实训记录册，直接记录实训过程和实训总结。

本书由赵砚（浙江工业职业技术学院）担任主编，李益鸿（绍兴职业技术学院）、汪琛（浙江工业职业技术学院）、张金鹏（浙江工业职业技术学院）担任副主编。具体编写分工如下：李益鸿负责编写项目一，赵砚、张金鹏负责编写项目二，郭开元负责编写项目三，汪琛、陈越栋负责编写项目四，赵砚、顾胜杰负责编写项目五，李昌昊负责编写项目六，附录部分由赵砚整理完成。全书由赵砚统纂、定稿。

本书在编写过程中，得到了绍兴至臻信息科技有限公司和杭州百树科技有限公司的鼎力帮助和大力支持，在此我们深表谢意！

由于编者水平有限，难免有疏漏和错误之处，敬请读者多提宝贵意见，以便日后修改完善。

本教材配有电子课件、教案、课程考核表、课程考核指南、电子预算表、实训日志以及人机对抗系统等教师用配套教学资源，凡使用教材的教师可登录机械工业出版社教育服务网 www.cmpedu.com 下载。咨询可致电：010-88379375，QQ：945379158。

编　者

目 录

前 言

项目一　ERP 沙盘认知/001

任务 1　ERP 沙盘的起源与含义 / 001
任务 2　ERP 沙盘模拟的课程内容 / 002
任务 3　ERP 沙盘模拟的课程形式 / 003
任务 4　ERP 沙盘模拟的课程考核 / 005
项目小结 / 006
问题与思考 / 006

项目二　ERP 沙盘模拟经营/007

任务 1　团队组建及分工 / 007
任务 2　岗位认知 / 008
任务 3　应用环境 / 017
任务 4　经营流程 / 029
任务 5　模拟经营 / 035
项目小结 / 068
问题与思考 / 068

项目三　ERP 沙盘人机对抗/069

任务 1　人机系统介绍 / 069
任务 2　人机系统安装 / 071
任务 3　人机系统使用 / 073
任务 4　人机对抗 / 077
项目小结 / 095
问题与思考 / 095

项目四　ERP 沙盘实战对抗/096

任务 1　系统初始化 / 096
任务 2　规则解读 / 098

　　　　任务 3　详单分析 / 102
　　　　任务 4　方案设计 / 108
　　　　任务 5　实战对抗 / 119
　　　　项目小结 / 136
　　　　问题与思考 / 136

项目五　ERP 沙盘模拟经营分析与总结 /137
05
　　　　任务 1　经营的本质 / 137
　　　　任务 2　经营业务分析 / 139
　　　　任务 3　经营成果分析 / 145
　　　　任务 4　经营业绩衡量 / 150
　　　　项目小结 / 152
　　　　问题与思考 / 153

项目六　经典案例分析及大赛经验分享 /154
06
　　　　任务 1　经典案例分析 / 154
　　　　任务 2　大赛经验分享 / 167
　　　　项目小结 / 172
　　　　问题与思考 / 172

附录 /173
　　　　附录 A　ERP 沙盘模拟实训日志 / 173
　　　　附录 B　实训总结 / 179

参考文献 /181

项目一
ERP 沙盘认知

项目综述

"ERP 沙盘模拟"是一门能够让受训者高度参与和体验的课程,其教学方式和课堂组织与传统课程不同。本项目主要介绍 ERP 沙盘的起源与含义、课程内容、课程形式和考核方式,是学习该课程的指南性项目。

学习目标

- 理解 ERP 沙盘的含义。
- 了解 ERP 沙盘模拟课程的学习内容。
- 了解 ERP 沙盘模拟课程的形式。
- 了解 ERP 沙盘模拟课程的考核方式。

重点与难点

ERP 沙盘的含义、ERP 沙盘模拟课程的形式、ERP 沙盘模拟课程的考核。

任务 1 ERP 沙盘的起源与含义

一、ERP 沙盘的起源

沙盘一词源于军事,它采用各种模型来模拟战场的地形及武器装备的部署情况,结合战略与战术的变化来进行推演。这种方法在军事上获得了极大的成功。

商场如战场!自从 1978 年被瑞典皇家工学院的 KlasMellan 开发之后,ERP 沙盘模拟演练迅速风靡全球。现在国际上许多知名的商学院(如哈佛商学院、瑞典皇家工学院等)和一些管理咨询机构都在用 ERP 沙盘模拟演练,对职业经理人、MBA 及经济管理类学生进行培训,以期提高他们在实际经营环境中决策和运作的能力。

20 世纪 80 年代初期,ERP 沙盘模拟演练被引入我国,率先在企业的中高层管理者培训中使用并快速发展。21 世纪初,国内的管理软件公司相继开发了 ERP 沙盘模拟演练的教学版,将它推广到高等院校的实验教学过程中。现在,越来越多的高等院校为学生开设了"ERP 沙盘模拟"课程,并且取得了很好的效果。

二、ERP 沙盘的含义

ERP 模拟沙盘是针对代表先进的现代企业经营与管理技术——ERP（企业资源计划系统）而设计的角色体验的实验平台。模拟沙盘按照制造企业的职能部门划分了职能中心，包括营销与规划中心、生产中心、物流中心和财务中心。各职能中心涵盖了企业运营的所有关键环节，以战略规划、资金筹集、市场营销、产品研发、生产组织、物资采购、设备投资与改造、财务核算与管理等几个部分为设计主线，把企业运营所处的内外环境抽象为一系列的规则，由受训者组成若干个相互竞争的模拟企业，模拟企业 5~6 年的经营，通过学生参与→沙盘载体→模拟经营→对抗演练→讲师评析→学生感悟等一系列的实验环节，其融和理论与实践一体、集角色扮演与岗位体验于一身的设计思想，使受训者在分析市场、制订战略、营销策划、组织生产、财务管理等一系列活动中，参悟科学的管理规律，培养团队精神，全面提升管理能力，同时也对企业资源的管理过程有一个实际的体验。

任务 2　ERP 沙盘模拟的课程内容

"ERP 沙盘模拟"课程是讲授模拟企业经营管理的实训课程。它采用一种全新的授课方法，课程的展开就是针对一个模拟企业，使受训者在分析市场、制订战略、营销策划、组织生产、财务管理等一系列活动中，参悟科学的管理规律，全面提升管理能力。

一、整体战略管理

企业首先要有明确的总体战略，之后制订相应的经营战略。受训者经过几年的模拟，将学会用战略的眼光看待企业的业务和经营，保证业务和经营与战略一致，为企业总体战略目标的实现而努力。

1）评估内部资源与外部环境，制订长期、中期、短期策略。
2）预测市场趋势，调整既定战略。

二、生产管理

在模拟中，把企业的采购管理、生产管理、质量管理统一纳入生产管理领域，要制订采购计划，进行生产设备的更新和生产线改良等决策，受训者将充分运用所学知识，并积极思考。

1）产品研发决策：必要时做出修改研发计划，甚至中断项目的决定。
2）原材料采购计划、决策。
3）选择获取生产能力的方式。
4）设备更新与生产线改良。
5）全盘生产流程调度决策，匹配市场需求、交货期和数量及设备产能。
6）库存管理和产销配合。

三、市场营销管理

营销的目的归根结底就是满足客户需求。受训者模拟企业经营六年中的市场竞争对抗,学会如何分析市场变化、关注竞争对手情况、把握消费者需求、制订营销策略、定位目标市场,制订并有效实施销售计划,最终达成企业战略目标。

1) 市场开发决策。
2) 新产品开发、产品组合与市场定位决策。
3) 模拟在市场中短兵相接的竞标过程。
4) 对同行进行渗透活动并抢占市场。
5) 建立并维护市场地位。

四、财务管理

在沙盘模拟过程中,受训者将清晰掌握资产负债表、利润表的结构;把握企业经营的全局;进行筹资管理和投资管理,提高资金使用效率;做好财务决策,组织好企业的财务活动。

1) 制订投资计划,评估应收账款金额与回收期。
2) 预估长、短期资金需求,寻求资金来源。
3) 掌握资金来源与用途,妥善控制成本。
4) 洞悉资金短缺前兆,以最佳方式筹措资金。
5) 分析财务报表、掌握报表中的重点与数据的含义。
6) 运用财务指标进行内部诊断,协助管理决策。
7) 如何以有限资金转亏为盈、创造高利润。
8) 编制财务报表、结算投资报酬、评估决策效益。

五、团队协作与沟通管理

沙盘模拟中每个团队经过初期组建、短暂磨合,逐渐形成团队默契,完全进入协作状态。在这个过程中,可以使受训者学习如何在立场不同的部门间进行沟通协调,学会换位思考,为整体利益共同努力。

1) 实地学习如何在立场不同的各部门间沟通协调。
2) 培养不同部门的共同价值观与经营理念。
3) 建立以整体利益为导向的组织。

任务3 ERP 沙盘模拟的课程形式

一、教学模式

ERP 沙盘模拟课程教学,根据受训者的学习认知规律,将教学模式分为三个阶段。**第一阶段:模拟经营。**由于沙盘学习者大多为初学者,不了解何为沙盘、沙盘的规则、电子沙盘的操作等,所以一开始的时候需要教师带领学生认知沙盘、熟悉规则、懂得经营、会编报表,指导学生完成第1~2年的经营即可(可反复1~2年的操作),帮助受训者打牢基础。**第二阶段:人机对抗。**在学生基本了解什么是 ERP 沙盘模拟,并具备一定基础的条件下，教师组织受训者自行与计算机进行人机对抗练习，受训者独立完成第 4～6 年的人机对抗（具体经营时间可视受训者情况而定），教师针对学生在人机对抗过程中发现的问题进行专门指导和解答，通过引入人机系统，改变传统沙盘模拟受时空限制的约束，提高模拟经营的效率，快速提升受训者的团队协作能力以及模拟经营水平。**第三阶段：实战对抗**。在经过人机对抗夯实基础之后，教师可将班级学生划分为 12～15 组（2～4 人为一组，具体组数视班级人数而定），组织受训者进行真实的经营对抗，通过实战既可以检验受训者的学习情况，又可以让受训者在实战对抗中感受真实的市场竞争环境，进一步提高受训者分析问题和解决问题的能力，提升受训者的实战水平和实战能力。三个阶段的教学，由浅入深、逐层递进，理实一体，通过这三个阶段的学习，能够全面地提升受训者的 ERP 沙盘模拟经营水平。

二、教学过程

1．构建模拟环境

企业行为模拟，首先要构建模拟市场与模拟企业。沙盘推演中的模拟市场由 8～15 家相互竞争的虚拟制造企业组成，每个虚拟企业有 2～4 名受训者，分别担任制造企业的核心管理角色。模拟市场中的供应商、客户、银行，由指导教师扮演。

2．团队组建与岗位分工

受训者分组组建模拟企业后，要根据制造企业的管理要求，确定本公司的组织架构及岗位职责。沙盘推演时，建议设置 CEO、营销总监（或市场总监）、财务总监、生产总监、采购总监等职位。

3．认识企业，学习经营规则

经营管理者需要了解企业的基本情况和市场环境，企业行为模拟中的内外部环境，组成了企业运行的经营规则。经营规则是模拟企业运营的约束条件，在开始模拟运行之前，要学习规则、熟知规则，并遵守规则。

4．模拟企业经营

学习完具体的规则之后，受训者就可以进行企业模拟经营了（一般只模拟第 1～2 年的经营，可反复操作）。企业模拟经营一般是按年度展开，每年的模拟经营流程是：市场预测与分析→战略规划→经营决策→执行经营决策→业务核算→财务核算→年度经营总结。指导老师根据既定的规则与市场，手把手带领受训者进行前 1～2 年的模拟经营，帮助受训者更快地了解 ERP 沙盘的操作步骤，更好地理解经营规则。

5．人机对抗

在熟悉了操作与规则之后，如何才能快速提升受训者的水平呢？我们采用了人机对抗系统。人机对抗系统是单机的模拟对抗，该系统中具有 300 多套对抗模型，而且设立了积分榜。这种具有游戏特色的人机模拟练习，不仅能够充分地调动受训者主动学习的兴趣和积极性，而且能够帮助受训者快速积累大量的实战经验，进一步提高受训者模拟企业经营的水平。

6．实战对抗

在经过人机对抗夯实基础之后，促进了团队协作的检验和作战能力的提升。根据之前的分组，组织班级学生进行真实的小组对抗。实战对抗不仅能让受训者更加熟悉企业经营，让团队的策略在短时间内进行验证，也培养了受训者团队分工协作、相互合作的能力。

7. 点评与总结

每年经营结束后，指导教师要结合专业知识和模拟企业的经营情况，针对普遍性问题和典型案例进行分析，帮助受训者反思和及时改正错误、调整战略策略。全部经营结束后，要求各模拟企业进行全面总结，拟写总结报告，每位受训者撰写岗位履行情况总结，在此基础上，召开全部模拟企业的总结汇报会。各企业制作演示文稿，并在总结会上进行演讲汇报，相互分享成功经验、吸取失败教训。最后，由指导教师对学生整个学习情况以及总结汇报情况进行点评和分析，帮助学生查找自身的缺点，不断完善自己。

任务 4　ERP 沙盘模拟的课程考核

本课程采用受训者自主评价与指导教师评价相结合、个体评价与团队评价相结合、过程评价与结果评价相结合的考核方法。平时成绩考核占 60%，期末成绩考核占 40%，其中平时成绩主要从出勤、课堂表现、总结汇报、实训报告四个方面来进行考核；期末成绩主要从人机对抗和实战对抗两个方面来进行考核。具体的课程考核和评价指标见表 1-1，课程考核表见表 1-2。

表 1-1　课程考核与评价指标

项　　目	指　　标	权　　重	考核对象	评　分　人
平时成绩（60%）	出勤	10%	个人	CEO、教师
	课堂表现	25%	个人	教师
	总结汇报	15%	团队	教师
	实训报告	10%	个人	教师
期末成绩（40%）	人机对抗	15%	团队	CEO、教师
	实战对抗	25%	团队	CEO、教师
合　　计		100%		

具体考核标准如下：

1）出勤分为 6 档（5 天、4 天、3 天、2 天、1 天、0 天）进行考核，指导老师可根据具体的出勤天数进行打分。

2）课堂表现、总结汇报、实训报告分为 5 档（优、良、中、及格、差）进行考核，指导老师可根据具体情况酌情打分。

3）人机对抗和实战对抗分为 4 档（优、良、中、及格）进行考核，具体成绩的判定，指导老师可根据每次对抗结束后系统自动生成的分数进行排名，可划分为 4 个等级，排名前 20% 的小组为优，排名前 20%～50% 的小组为良，排名前 50%～80% 的小组为中，排名前 80%～100% 的小组为及格。

4）每个考核指标均按照百分制进行打分，最终实训成绩根据指标权重和指标实际得分综合得出。

表 1-2 第____组《ERP 沙盘模拟实训》课程考核表

项　　目	姓　　名	第 1 天	第 2 天	第 3 天	第 4 天	第 5 天
出勤						
课堂表现						
总结汇报	记录教师点评的优点和缺点					
实训报告						
人机对抗	记录人机对抗的成绩及排名					
实战对抗	记录实战对抗的成绩及排名					

 项目小结

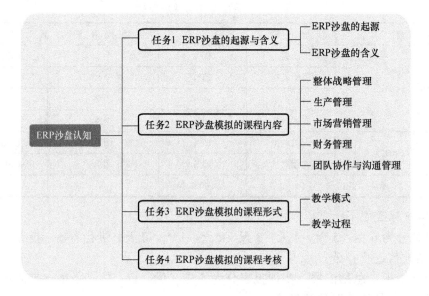

问题与思考

1. 什么是 ERP 沙盘模拟？谈谈你的理解。
2. 应该从哪些方面构建模拟的环境？
3. ERP 沙盘模拟中主要涉及哪些具体的角色？
4. 你该如何学好这门课？谈谈你对该课程考核方式的认识。

项目二
ERP 沙盘模拟经营

项目综述

ERP 沙盘模拟经营主要是协助初学者快速组建团队和进行分工，帮助初学者读懂企业运营规则和市场预测的情报数据，并解决其在运营过程中遇到的操作问题。本项目主要介绍团队组建及分工、电子沙盘的运营流程，年初、各季度和年末应当做什么以及怎样按照流程进行规范的操作，带领受训学生体验起始年和运营年的操作流程，最后让受训者模拟自主经营，亲身体验企业运营的艰辛。

学习目标

- 了解"商战"电子沙盘。
- 能够进行团队组建与分工。
- 掌握 ERP 电子沙盘模拟的经营规则。
- 掌握 ERP 电子沙盘模拟的经营流程。
- 能够熟练地完成 1~2 年的模拟经营。

重点与难点

经营规则、教师端操作、学生端操作、经营流程。

任务 1 团队组建及分工

一、团队组建

ERP 沙盘模拟经营是对真实企业运营过程的模拟，而真实的现代企业组织结构中一般设有董事会、财务部、销售部等，具体企业结构如图 2-1 所示。

因此，需要学生分组组成团队，担任不同的岗位，组建公司，完成 6 年的经营。团队分为 5 种角色：首席执行官（CEO）、财务总监（CFO）、销售总监（CSO）、生产总监（COO）、采购总监（CPO），建议团队由 3~5 人组成，生产总监与销售总监可兼任。

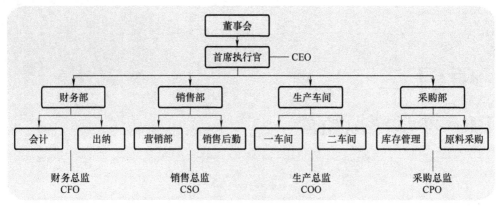

图 2-1　组织架构图

二、成员分工

各个成员按照团队角色的职责进行分工，见表 2-1。

表 2-1　岗位职责

岗位	首席执行官	财务总监	销售总监	生产总监	采购总监
职责	制订发展战略、竞争格局分析、经营指标确定、业务策略制订、全面预算管理、管理团队协同、企业绩效分析、业绩考评管理、管理授权与总结	日常财务记账和登账、向财务部门报税、提供财务报表、日常现金管理、企业融资策略制订、成本费用控制、资金调度与风险管理、财务制度与风险管理、财务分析与协助决策	市场调查分析、市场进入策略、品种发展战略、广告宣传策略、制订销售计划、争取订单与谈判、签订合同与过程控制、按时发货应收款管理、销售绩效分析	产品研发管理、管理体系认证、固定资产投资、编制生产计划、平衡生产能力、生产车间管理、产品质量保证、成品库存管理、产品外协管理	编制采购计划、供应商谈判、签订采购合同、监控采购过程、到货验收、仓储管理、采购支付抉择、与财务部协调、与生产部协调

任务 2　岗位认知

学习规则是比较枯燥的，但却是必经之路。只有懂得规则，才能游刃有余；只有认真对待，才能有所收获；只有积极参与，才能分享成就。

一、首席执行官需要领会的规则

年度规划会议在每年度运营会议开始时召开，在软件中无须操作。年度规划会议一般由团队的首席执行官（CEO）主持召开，会同团队中的采购、生产、销售等负责人一起进行全年的市场预测分析、广告投放、订单选取、产能扩张、产能安排、材料订购、订单交货、产品研发、市场开拓、筹资管理和现金控制等方面的分析和决策规划，最终完成全年运营的财务预算。

二、销售总监需要领会的规则

1. 市场开拓

市场开拓费用及所需时间见表 2-2。

表 2-2 市场开拓费用及所需时间

市　　场	开发费（万元/年）	所需时间（年）	说　　明
本地	10	1	开发费用按开发时间在年末支付，不允许加速投资，但可以中断投资 市场开发完成后，领取相应的市场准入证
区域	10	1	
国内	10	2	
亚洲	10	3	
国际	10	4	

市场开拓费用中，无须另计维护费。如中途停止使用，也可继续拥有资格并在以后年份使用。市场开拓只可以在第4季度操作。

2．选单规则

1）投10万元广告有一次选单机会，每增加20万元多一次机会，如果投小于10万元的广告则无选单机会，但仍扣除广告费，对计算市场广告额有效。广告投放可以为11万元、12万元……

2）投放广告。只规定最晚时间，没有最早时间，即当年结束后可以马上投广告。

3）根据本市场本产品广告额投放大小的顺序依次选单。如果两队本市场本产品广告额相同，则对比本市场广告投放总额；如果本市场广告总额也相同，则对比本市场销售总额；如仍无法决定，先投放广告者先选单。

4）第一年无订单。选单时，两个市场同时开单，各队需要同时关注两个市场的选单进展，其中一个市场先结束，则第三个市场立即开单。即任何时候都会有两个市场同开，除非到最后只剩下一个市场选单未结束。如某年在本地、区域、国内、亚洲四个市场有选单，则系统将本地、区域同时放单，各市场按P1、P2、P3、P4、P5顺序独立放单；若本地市场选单结束，则国内市场立即开单，此时区域、国内两市场保持同开，紧接着区域结束选单，则亚洲市场立即放单，即国内、亚洲两市场同开。选单时各队需要点击相应的"市场"按钮，当前市场选单结束后，系统不会自动跳到其他市场。

3．按订单交货

订单交货对话框中会显示年初订货会上取得的所有产品订单，该订单会提供订单销售收入总价、订单需交的产品种类和数量、交货期限、账期等信息。

4．竞单会

参与竞标的订单标明了订单编号、市场、产品、数量、质量要求等，而总价、交货期、账期三项为空。竞标订单的相关要求为：竞拍会的单子、价格、交货期、账期都是根据各个队伍的情况自己选择填写的。

（1）投标资质

参与投标的公司需要有相应市场、ISO认证的资质，但不必有生产资格。

中标的公司需要为该竞单支付10万元标书费，在竞标会结束后一次性扣除，计入广告费。如果（已竞得单数+本次同时竞单数）×10>现金余额，则不能再竞单。即每次参与竞单都必须拥有一定的保证金（保证金为每次同时竞单数×最小得单广告额）。

例 2-1　同时竞争3张订单，库存现金为58万元，已经竞得3张订单，扣除30万元标书费，还剩余28万元库存现金，则不能继续参与竞拍。因为万一再竞得3张，28万元库存现金不足以支付30万元的标书费。

为防止恶意竞单，对竞得单张数进行限制，如果某队已竞得单张数>ROUND（3×该年竞单总单数/参赛队数），则不能继续竞单。

> **温馨提示**
>
> 1）ROUND 表示四舍五入。
> 2）如上式为等于，则可继续参与竞单。
> 3）参赛队数指经营中的队伍，即经营组+融资组（融资组为破产后给予注资的队伍，破产组不计入参赛队数）。

例 2-2 某年竞单，共 40 张，20 组参与竞单（融资组不参与竞单），当某一队已经得到 7 张单，由于 7>ROUND（3×40÷20），因此不能再参与竞单；如果得到 6 张，则可以继续参与竞单。

（2）投标

参与投标的公司须根据所投标的订单，在系统规定的时间内（90 秒，以倒计时形式显示）填写总价、交货期、账期三项内容，确认后由系统按如下方式进行评分。

得分=100+（5-交货期）×2+应收账期-8×总价÷（产品成本×数量）

得分最高者中标。如果计算分数相同，则先提交者中标。

> **温馨提示**
>
> 1）填写的总价区间为成本价至成本价的 3 倍（可以等于区间两端价格）。
> 2）必须为竞单留足时间，如在倒计时小于等于 5 秒时再提交，可能无效。
> 3）竞得订单与选中订单一样，属于市场销售额。
> 4）竞单时不允许探听对手信息。
> 5）融资组不允许参与竞单。

三、采购总监需要领会的规则

1. 原材料

原材料的基本信息见表 2-3。

表 2-3 原材料的基本信息

名　　称	购买价格（万元/个）	提前期（季）
R1	10	1
R2	10	1
R3	10	2
R4	10	2

2. 订购原材料

企业原材料一般分为 R1、R2、R3、R4 四种，其中 R1、R2 原材料需提前 1 个季度订购，在 1 个季度后支付材料款并入库，R3、R4 原材料需提前 2 个季度订购，在 2 个季度后支付材料款并入库。原材料订购数量由后期生产需要来决定，订购多了会造成资金被占用，订购少了则不能满足生产需要，会造成生产线停产，甚至不能按期完成产品交货，导致产品订单违约。

3．更新原料库

在企业沙盘模拟运营中，R1、R2、R3、R4 四种原材料的采购价格由系统设定，一般每个原材料价格均为 10 万元。其中 R1、R2 原材料是在订购 1 个季度后支付，R3、R4 原材料是在订购 2 个季度后支付。

4．紧急采购

紧急采购是为了解决材料或产品临时短缺而进行的。企业原材料订购不足或产品未能按时生产，均可能造成产品订单不按时交货，从而导致订单违约，失去该订单收入并需支付违约金。为避免该损失，企业可紧急采购少量短缺的原材料或产品，满足生产或交货的需要，促使产品订单按时交货，由此取得相应的销售利润。紧急采购价格一般比正常的采购价要高很多，具体由教师/裁判在裁判端参数设置中设定。操作时既可以紧急采购原材料，也可以紧急采购库存产品。

在运用紧急采购操作时，付款即到货。原材料价格为直接成本的 2 倍，成品价格为直接成本的 3 倍。

紧急采购原材料和产品时，直接扣除现金。填写报表时，成本仍然按照标准成本记录，紧急采购多付出的成本计入综合费用表的损失项。

四、生产总监需要领会的规则

1．产品

产品基本信息，见表 2-4。

表 2-4　产品基本信息

产品	开发费（万元/季）	开发周期（季）	加工费（万元/个）	直接成本（万元/个）	产品组成
P1	10	2	10	20	R1
P2	10	3	10	30	R2+R3
P3	10	4	10	40	R1+R3+R4
P4	10	5	10	50	R2+R4+P1（P1 为中间产品）
P5	10	6	10	60	R3+R4+P2（P2 为中间产品）

（1）产品研发

产品研发按照季度来投资，每个季度均可操作，中间可以中断投资，直至产品研发完成，产品研发成功后方能生产相应的产品。

（2）开始生产

开始下一批生产时，应保证相应的生产线空闲、产品研发完成、原料充足、投产用的现金宽裕，上述 4 个条件缺一不可。开始下一批生产操作时，系统会自动从原材料仓库领用相应的原材料，并从现金中扣除用于生产的人工费用。

（3）ISO 资格认证

ISO 资格认证时间及费用，见表 2-5。

表 2-5　ISO 资格认证信息

认　　证	ISO9000	ISO14000	开发费用按开发时间在年末平均支付，不允许加速投资，但可中断投资
时间（年）	2	2	ISO 开发完成后，领取相应的认证
费用（万元/年）	10	10	

无须另计维护费，如中途停止使用，也可继续拥有资格并在以后年份使用。ISO 认证开拓，只在第 4 季度可以操作。

ISO 投资包括产品质量（ISO9000）认证投资和产品环保（ISO14000）认证投资。企业若想在订货会上选取带有 ISO 认证的订单，必须取得相应的 ISO 认证资格，否则不能选取该订单。ISO 投资每年进行一次，可中断投资，直至 ISO 投资完成。

2．生产线

生产线基本信息，见表 2-6。

表 2-6　生产线信息

生产线	投资总额（万元）	安装周期（季）	生产周期（季）	转产费（万元）	转产周期（季）	维修费（万元/年）	残值（万元）
手工线	35	0	2	0	0	5	5
自动线	150	3	1	20	1	20	30
柔性线	200	4	1	0	0	20	40

> **温馨提示**
> 1）不论何时出售生产线，残值计入现金，净值与残值之差计入损失。
> 2）只有未使用且已建成的生产线方可转产。
> 3）当年建成的生产线、转产中的生产线都要交维护费。
> 4）生产线不允许在不同厂房间移动。

（1）新建生产线

生产线一般包括手工线、自动线、柔性线等，具体生产线信息详见规则说明。只有厂房中仍可容纳生产线时，方可进行新建生产线操作。

（2）在建生产线

只有处在建造期的生产线才会在此对话框中显示，该对话框中会提供处于建造期间的生产线的累计投资额、开建时间和剩余建造期。

（3）生产线转产

生产线建造时已经确定了生产的产品种类，但是在企业运营过程中，为完成不同产品数量的订单按时交货，可能会对生产线生产的产品进行适当的转产操作，转产时要求该生产线处于待生产状态，否则不可以进行转产操作。

转产时，不同生产线的转产费用和转产周期是有区别的，具体详见规则说明。当转产周期大于 0 季度时，生产线将处于转产中状态，待转产周期结束后方可继续生产。

（4）出售生产线

出售生产线的前提是该生产线是空置的，即没有在生产产品。出售时按残值收取现金，按净值（生产线的原值减去累计折旧后的余额）与残值之间的差额作为企业损失，已提足折旧的生产线不会产生出售损失,未提足折旧的生产线必然产生出售损失。

 假定规则中手工线建设期为 0 季度、原值为 35 万元、净残值 5 万元、使用年限 4 年,若某企业第 1 年第 1 季度开建一条手工线,则该生产线系第 1 年第 1 季度建成,只要该生产线处于待生产状态即可进行出售。

若建成后当年将其出售,则会收到 5 万元现金,同时产生 30 万元损失[(原值 35 万元-累计折旧 0 万元)-净残值 5 万元],若第 2 年将其出售,则会收到 5 万元现金,同时产生 20 万元损失[(原值 35 万元-累计折旧 10 万元)-净残值 5 万元],以此类推。

(5)生产线折旧(平均年限法)

生产线折旧信息,见表 2-7。

表 2-7 生产线折旧信息

生产线	投资总额（万元）	残值（万元）	建成第 1 年（万元）	建成第 2 年（万元）	建成第 3 年（万元）	建成第 4 年（万元）	建成第 5 年（万元）
手工线	35	5	0	10	10	10	0
自动线	150	30	0	30	30	30	30
柔性线	200	40	0	40	40	40	40

> **温馨提示**
> 生产线建成当年不折旧,净值等于残值时不再折旧,仍可继续使用。

3. 厂房

厂房基本信息,见表 2-8。

表 2-8 厂房基本信息

厂房	买价（万元）	租金（万元/年）	售价（万元）	容量（条）	说明
大厂房	400	40	400	4	厂房出售得到 4 个账期的应收款。紧急情况下可用厂房贴现（4 季贴现）直接得到现金。如厂房中有生产线,同时要支付租金
中厂房	300	30	300	3	
小厂房	200	20	200	2	

每季均可以租或买,租用的厂房在往后几年对应租用季度(如第 2 季度租的,则在以后各年第 2 季度可进行处理),可以用"厂房处理"进行"租转买""退租"等处理(当厂房中没有任何生产线时)。如果未加处理,则原来租用的厂房在对应的租用季末自动续租。

厂房使用可以任意组合,但一般总数不能超过 4 个;如可租 4 个小厂房、买 4 个大厂房或租 1 个大厂房买 3 个中厂房。

(1)购租厂房

厂房类型可以根据需要选择大厂房或小厂房,订购方式可以根据需要选择买或租,厂房每季均可购买或租用。

若选择购买,则需一次性支付购买价款,无后续费用;若选择租用,则需每年支付租金,租金支付时间为租入当时以及之后每年对应季度的季末。

若企业在第 1 年第 2 季度选择购买 1 个大厂房,则系统会在购买时一次性扣除相应的购买价款,以后不再产生相关扣款。

若企业在第 1 年第 2 季度选择租用 1 个大厂房,则需在第 1 年第 2 季度租用时支付第 1 年租金,以后每年的租金由系统自动在第 2 季度季末支付。

(2)厂房处理

厂房处理方式包括卖出、退租、租转买 3 种。

卖出操作针对原购入的厂房,实质上此操作包括:卖出厂房,同时判断是否需要将此厂房租回,卖出厂房将根据规则产生一定金额、一定账期的应收款(详见规则说明);如厂房中有生产线,则需支付对应的租金租回厂房,没有则无须支付租金。

退租操作针对原租入的厂房,该操作要求厂房内无生产设备,若从上年支付租金时开始算租期未满 1 年的,则无须支付退租当年的租金,反之则需支付退租当年的租金。

租转买操作针对原租入的厂房,即在对应的租用季度,支付价款购回厂房,购回后无须支付租金。

> **例 2-4** 假定规则规定某大厂房购买价为 40 万元,租金为 4 万元/年。
> 若企业欲将原购买的大厂房卖出,则会产生期限为 4 季度、金额为 40 万元的应收款,同时系统会在卖出时自动判断是否要扣除当期厂房租金 4 万元。
> 若企业于上年第 2 季度租入 1 个大厂房,如果在本年度第 2 季度结束前退租,则系统无须支付第 2 个年度的厂房租金;如果在本年度第 2 季度结束后退租,则系统需扣除第 2 个年度的厂房租金 4 万元。此操作要求该厂房内无生产设备。
> 若企业租转买原租入厂房,则系统仍会在大厂房租入的对应季度扣除当年的租金,并且在租转买时支付大厂房的购买价款 40 万元。

五、财务总监需要领会的规则

1.支付广告费及所得税

点击"当年结束",系统时间切换到下一年年初,需要投放广告,确认投放后系统会自动扣除所投放的广告费及上年应交所得税。

2.融资

融资的基本信息,见表 2-9。

表 2-9 融资基本信息

贷款类型	贷款时间	贷款额度	年 息	还款方式
长期贷款	每年年初	所有长贷和短贷之和不能超过上年权益的 3 倍	10%	年初付息,到期还本,每次贷款不小于 10 的整数
短期贷款	每季度初		5%	到期一次还本付息,每次贷款为不小于 10 的整数
资金贴现	任何时间	视应收款额	10%(1 季,2 季) 12.5%(3 季,4 季)	变现时贴息
库存拍卖			原材料八折,成品按成本价	

> **温馨提示**
> 长贷利息为所有长贷汇总相加乘以利率，之后四舍五入计息（长贷付息及还本均在投放广告时扣除）。短贷利息按每季度分别计息。

（1）长期贷款

长期贷款需填写贷款年限，系统预设有 1～5 年的年限选择，最大额度一般为上一年权益的 3 倍，贷款额度由企业年度规划会议决定，但不得超过最大贷款额度。

长期贷款为分期付息，到期一次还本。年利率、可贷款倍数由裁判/教师在参数设置中设定。

例 2-5 若年利率为 10%，额度为上一年权益的 3 倍。上年权益为 600 万元，则本年最大贷款额度为 1800 万元（600 万元×3）。若之前已有 100 万元贷款，则本次贷款额度需减去已贷的数值即为 1700 万元（1800 万元-100 万元）。

若企业第 1 年初贷了 100 万元，期限为 5 年，则系统会在第 2～6 年初每年自动支付长贷利息 10 万元（100 万元×10%），并在第 6 年初自动偿还本金 100 万元。

（2）短期贷款

短期贷款的期限默认为 1 年，到期一次还本付息，长短贷共享贷款额度，即长短贷之和不得超过贷款额度。

例 2-6 短贷利率为 5%，若第 1 年第 1 季度贷款 20 万元，则第 2 年第 1 季度需偿还 20 万元本金及 1 万元（20 万元×5%）利息。

（3）资金贴现

1）应收款贴现。应收款贴现是指提前收回未到期的应收款，因为该应收款并非正常到期收回，所以贴现时需支付相应的贴现利息。贴现利息=贴现金额×贴现率，详见规则说明。这一操作一般是在企业存在短期现金短缺，且无法通过成本更低的正常贷款取得现金流时才考虑使用。

例 2-7 假定某企业账期为 1 季度和 2 季度的应收款贴现率为 10%，账期为 3 季度和 4 季度的应收款贴现率为 12.5%，若该期限将账期为 2 季度、金额为 10 万元的应收款和账期为 3 季度、金额为 20 万元应收款同时贴现，那么

贴现利息=10 万元×10%+20 万元×12.5%=3.5 万元≈4 万元（规则规定贴现利息律向上取整）

实收金额=（10+20-4）万元=26 万元

贴现后收到的 26 万元，当即增加企业现金，产生的 4 万元贴现利息作为财务费用入账。

2）厂房贴现。该操作实质上是将厂房卖出（买转租）产生的应收款直接贴现取得现金。它与厂房处理中的卖出（买转租）的区别就在于，卖出（买转租）后购置厂房的资金变为 4 个季度的应收款。而厂房贴现则直接将卖出（买转租）产生的应收款贴现。

（4）库存拍卖

拍卖库存的原料，按成本价的 80%出售，并且所得现金向下取整。例如，拍卖 2 个 R1，购买单价为 10 万元，所得现金=2×10 万元×80%=16 万元；拍卖库存成品，按成本价的 100%出售。例如，拍卖 2 个 P1，直接成本为 20 万元，所得现金=2×20 万元=40 万元。

3．应收款更新

应收款更新操作实质上是将企业所有的应收款项减少 1 个收账期。它分为两种情况：一是针对本季度尚未到期的应收款，系统会自动将其收账期减少 1 个季度；另一部分针对本季度到期的应收款，系统会自动计算并在"收现金额"框内显示，将其确认收到，系统自动增加企业的现金。

> **例 2-8** 若某企业上季度末应收账款有如下两笔：一笔为账期 3 季度、金额 20 万元的应收款，另一笔为账期 1 季度、金额 30 万元的应收款。则本季度进行应收款更新时，系统会将账期为 3 季度、金额为 20 万元的应收款更新账期为 2 季度、金额为 20 万元的应收款，同时系统会自动将账期为 1 季度、金额为 30 万元的应收款收现。

4．填写报表

每年企业模拟经营结束后，财务经理需要填写综合费用表、利润表和资产负债表。

（1）综合费用表

综合费用表反映企业期间费用的情况，具体包括管理费、广告费、设备维护费、租金、市场准入开拓、ISO 认证资格、产品研发费、信息费和其他等项目。其中信息费是指企业为查看竞争对手的财务信息而支付的费用，具体由规则确定，见表 2-10。

表 2-10 综合费用表

序 号	项 目	数 据 来 源
1	管理费	每季季末需缴纳的管理费用
2	广告费	年初投放的广告费用
3	设备维护费	已经完工的生产线，年末需缴纳设备维护费
4	转产费	部分生产线转产需要缴纳转产费用
5	租金	租用的厂房需要缴纳租金
6	市场准入开拓	年末开拓市场缴纳的费用
7	ISO 认证资格	获得产品质量及环保资格认证所产生的费用
8	产品研发费	研发产品获取生产资格产生的研发费
9	信息费	使用企业信息查询功能获得其他企业信息所产生的费用
10	其他	其他=损失，包括紧急采购的多余费用、生产线出售的未折旧费用、订单违约产生的违约金、原材料出售的折价费用
合 计		以上所有费用相加

（2）利润表

利润表反映企业当期的盈利情况，具体包括销售收入、直接成本、综合管理费用、折旧、财务费用、所得税等项目。其中销售收入为当期按订单交货后取得的收入总额，直接成本为当期销售产品的总成本，综合费用根据"综合费用表"中的合计数填列，折旧为当期生产线折旧总额，财务费用为当期借款所产生的利息总额，所得税根据利润总额计算，见表 2-11。

表 2-11 利润表

序号	项目	数据来源	计算公式
1	销售收入	本年完成的销售金额合计	
2	直接成本	本年完成的销售产品成本合计	
3	毛利	销售收入−直接成本	=1−2
4	综合管理费用	上表的费用合计数	
5	折旧前利润	毛利−综合管理费用	=3−4
6	折旧	本年生产线折旧数值	
7	支付利息前利润	折旧前利润−折旧	=5−6
8	财务费用	本年的长贷利息+短贷利息+贴现利息	
9	税前利润	税前利润−财务费用	=7−8
10	所得税	当税前利润为正，且以往年度没有亏损则正常计税；有亏损则弥补亏损，弥补后的数值为正则数值继续计税；弥补后的数值为负则不计税，往后年度继续弥补；税前利润为负或为零则不计税	
11	净利润	税前利润−所得税	=9−10

（3）资产负债表

资产负债表反映企业当期财务状况，具体包括现金（现称为"库存现金"）、应收款、在制品、产成品、原材料等流动资产，土地和建筑、机器与设备和在建工程等固定资产，长期负债、短期负债、应交税金（现称为"应交税费"）等负债，以及股东资本、利润留存、年度净利等所有者权益项目，见表 2-12。

表 2-12 资产负债表

资产	数据来源	负债和所有者权益	数据来源
流动资产：		负债：	
现金	年末盘点的剩余现金	长期负债	长期贷款合计
应收款	未收到的款项合计	短期负债	本年短期贷款合计
在制品	还在生产线上生产的产品成本合计	应交税金	利润表中所得税
产成品	库存中的产品成本合计		
原材料	库存中的原材料成本合计		
流动资产合计	上述五项合计	负债合计	上述三项合计
固定资产：		所有者权益：	
土地和建筑	厂房买价合计	股东资本	初始资金
机器与设备	设备价值（沙盘上生产线的净值之和）	利润留存	上年利润留存+上年年度净利
在建工程	正在建设的生产线价值之和	年度净利	利润表中的净利润
固定资产合计	上述三项之和	所有者权益合计	上述三项合计
资产合计	流动资产合计+固定资产合计	负债和所有者权益合计	负债合计+所有者权益合计

任务3 应用环境

一、admin 的任务

1. 登录系统

打开 360 浏览器（极速版），登录网址：www.（本机 IP）.com，在用户登录页面输入"用户名""密码"，点击用户登录。用户名：admin，初始密码为 1，如图 2-2 所示。

图 2-2　登录页面

登录后显示管理员端功能菜单，创建教学班、老师管理、权限管理、数据备份，如图 2-3 所示。

图 2-3　admin 界面

2. 创建教学班

管理员端点击"创建教学班"图标，显示弹出框。在"请输入教学班名称"后的编辑框内输入教学班名称"ERP 沙盘模拟实训"。点击"创建"按钮，弹出提示框，教学班创建成功，如图 2-4 所示。

3. 教师管理

管理员端点击"教师管理"图标，显示弹出框。将鼠标移动到最上方"用户名"和"密码"的编辑框内，输入新增的用户名、密码，点击"添加用户"。添加教师成功，如图 2-5 所示。

图 2-4　创建教学班

4．权限管理

管理员端点击"权限管理"菜单，显示弹出框。选择"教师"和"教学班"，点击"确定"，下方显示该教师担任的教学班名称列表，如图2-6所示。

图2-5　教师管理　　　　　　　　　　图2-6　权限管理

5．数据备份

管理员端点击"数据备份"菜单，显示弹出框。数据备份文件后有默认的文件名，可以点击进行编辑，点击备份文件。新文件在手动备份还原下方显示，如图2-7所示。

图2-7　数据备份

点击"项目反选"，可以选择全部文件或取消。勾选某一个文件，点击"删除备份"，该文件被删除。点击"备份还原"，可以还原该备份文件。

二、裁判端的任务

点击裁判端界面上方，可选择不同的学生组号，如 A01。在主页面中间区域即可查看该组各项经营信息，包括公司资料、库存采购信息、研发认证信息、财务信息、厂房信息、生产信息，如图 2-8 所示。

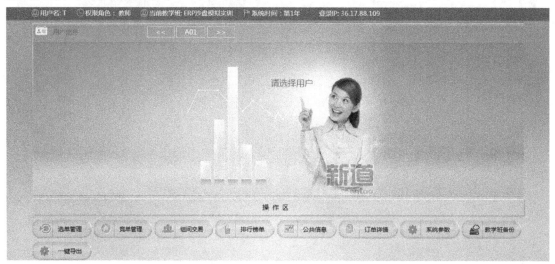

图 2-8　各组经营信息

1. 公司资料

点击学生组号，如 A01。即默认可查看如图 2-9 所示的公司资料页。

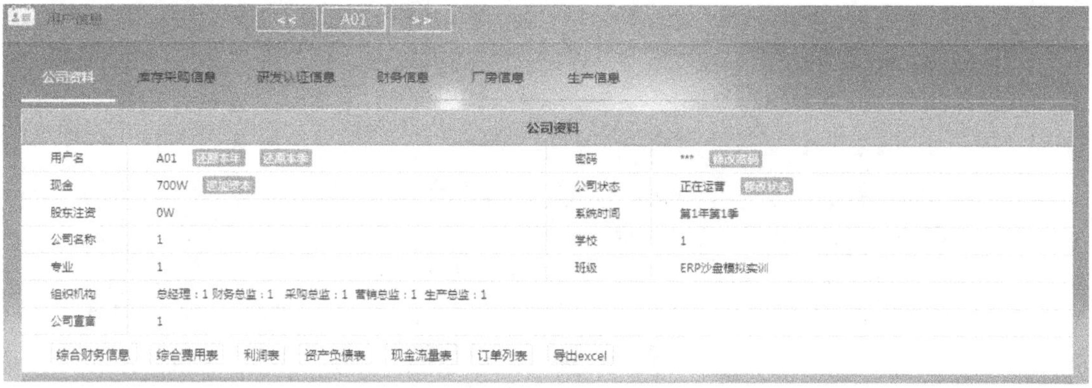

图 2-9　A01 公司资料

（1）还原本年/季

点击公司资料中用户名右侧"还原本年"或"还原本季"，弹出提示框，点击"确定"，"还原本年"会将该学生组的经营退回当年年初重新开始，"还原本季"会将该学生组的经营退回当年上一季度季初重新开始。

（2）修改密码

点击公司资料中密码右侧"修改密码"，在编辑框输入修改后的密码，点击"确认"即完成密码修改。

（3）追加资本

点击公司资料中现金右侧"追加资本"，可查看图 2-10，在注入资金栏输入所需要注入的金额数字，选择注资类别"特别贷款"或"股东注资"，点击"确认"即完成用户融资。

图 2-10　用户融资

（4）修改状态

点击公司资料中公司状态右侧"修改状态"，可查看该用户当前经营状态，选择"未运营""正在运营"或"已破产"，点击"确认"即完成用户经营状态修改。

（5）综合财务信息

点击公司资料下方"综合财务信息"，可查看该学生组当年经营的主要财务信息，如图 2-11 所示。

综合财务表			
贴息	0W	利息	0W
销售收入	0W	设备维护费	0W
转产费	0W	租金	0W
管理费	0W	广告费	60W
信息费	0W	其他	0W
直接成本	0W	ISO认证资格	0W
产品研发	0W	市场准入开拓	0W

图 2-11　综合财务信息

点击公司资料下方"综合费用表、利润表、资产负债表、现金流量表、订单列表、导出 Excel"，即可查看该学生组当年经营的相关信息。

2. 库存采购信息

点击学生组号（A01）下的"库存采购信息"，可查看该组学生的原料订购、原料库存、产品库存信息，如图 2-12 所示。

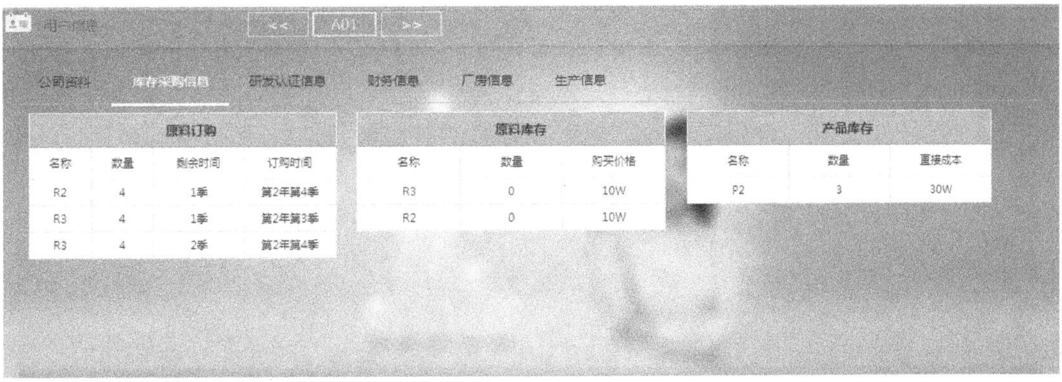

原料订购				原料库存			产品库存		
名称	数量	到货时间	订购时间	名称	数量	购买价格	名称	数量	直接成本
R2	4	1季	第2年第4季	R3	0	10W	P2	3	30W
R3	4	1季	第2年第3季	R2	0	10W			
R3	4	2季	第2年第4季						

图 2-12　库存采购信息

3. 研发认证信息

点击学生组号（A01）下的"研发认证信息"，可查看该组学生的市场开拓、产品研发、ISO 认证信息，如图 2-13 所示。

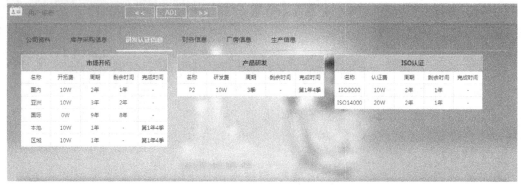

图 2-13　研发认证信息

4. 财务信息

点击学生组号（A01）下的"财务信息"，可查看该组学生的应收款、长期贷款、短期贷款、特别贷款信息，如图 2-14 所示。

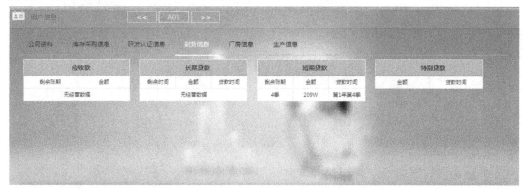

图 2-14　财务信息

5. 厂房信息

点击学生组号（A01）下的"厂房信息"，可查看该组学生的厂房信息，包括状态、最后付租、置办时间等，如图 2-15 所示。

图 2-15　厂房信息

6．生产信息

点击学生组号（A01）下的“生产信息”，可查看该组学生的生产线信息，包括生产线类型、状态、建成时间等，如图 2-16 所示。

生产信息

ID	名称	厂房	产品	状态	开建时间	累计投资	开产时间	转产时间	剩余时间	建成时间
4327	自动线	大厂房(4273)	P2	在建	第1年第2季	150W	-	-	-	-
4336	自动线	大厂房(4273)	P2	在建	第1年第2季	150W	-	-	-	-
4322	自动线	大厂房(4273)	P2	在建	第1年第2季	150W	-	-	-	-
4332	自动线	大厂房(4273)	P2	在建	第1年第2季	150W	-	-	-	-

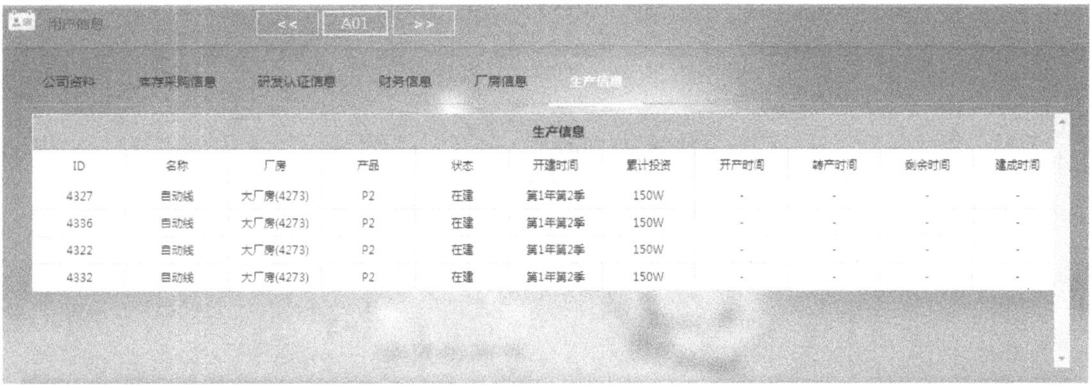

图 2-16　生产信息

三、选单与竞单

点击主页下方的“选单管理”菜单，管理每组学生选取市场订单的过程，包括开始选单、计时暂停、重新选单等。当所有学生组均未投放广告时，以及结束订货会时，弹出框页面显示订货会尚未开始，如图 2-17 所示。

当教学班有部分小组已经完成广告投放时，弹出框显示每组广告投放时间，如图 2-18 所示。

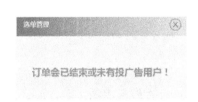

图 2-17　选单管理

第2年广告投放情况

用户名	用户时间	投完广告时间
A01	第2年第1季	2018-7-31 9时39分15秒
A02	第2年第1季	-
A03	第1年第1季	已破产
A04	第1年第1季	已破产

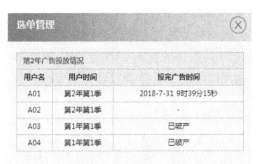

图 2-18　广告投放

当教学班全部小组完成广告投放时，弹出框显示准备开始选单页面，如图 2-19 所示。

点击“开始选单”，弹出提示框，订货会正式开始，点击“确定”进入订货会管理页面，如图 2-20 所示。

选单管理页面，显示选单过程记录、选单时间、剩余回合、剩余单数等信息。

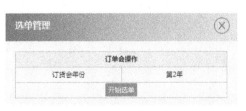

图 2-19　开始选单

竞单管理的操作与选单管理的操作步骤相同，一般在第 3 年和第 6 年选单后，开始竞单，具体根据选单年份而定。

图 2-20　正式选单

四、组间交易

点击主页面下方的"组间交易",显示弹出框。点击"选择出货方"和"选择进货方"的下拉框,选择买卖的双方组号,选择要交易的产品,在下方编辑框内输入交易数量以及交易总价,点击"确认交易",即完成了此次组间交易,如图 2-21 所示。

组间交易必须在两个学生组经营到某一共同系统时间点时才能操作。

图 2-21　组间交易

五、排行榜单

点击主页面下方"排行榜单"菜单,显示弹出框,在"当前修正"下方的编辑框中输入老师加分或减分,保存修正分。此功能用来查询学生组经营的最后成绩排名,如图 2-22 所示。

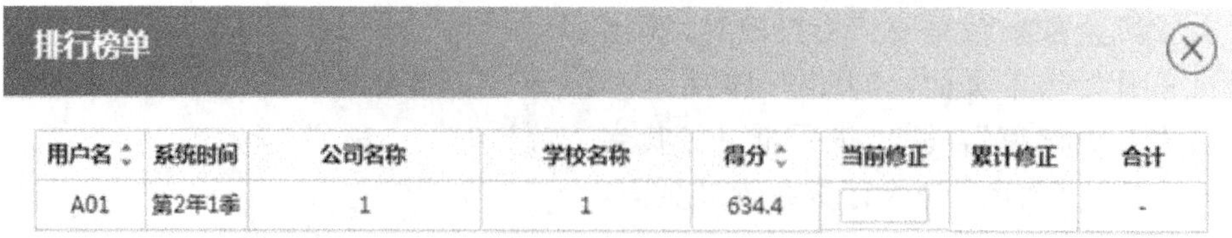

用户名	系统时间	公司名称	学校名称	得分	当前修正	累计修正	合计
A01	第2年1季	1	1	634.4			-

图 2-22　排行榜

六、公共信息

点击主页面下方"公共信息"菜单,显示弹出框。在年份后的下拉框里选择要查询的年份，点击"确认信息"，页面跳转到每组的经营结果。

在弹出框中央显示每组本年利润、权益。在下方显示综合费用表、利润表、资产负债表、下一年广告投放情况及导出 Excel，如图 2-23 所示。

图 2-23 公共信息

点击"下一年广告投放"，显示下一年初各组的广告投放额。该统计数据分别以每组投放广告和每个市场各组投放广告对比的两种方式展现，以供选择，如图 2-24 和图 2-25 所示。

图 2-24 各市场广告投放情况

第2年广告投放情况

格式一　格式二

第2年A01广告投放情况					
产品名称	本地	区域	国内	亚洲	国际
P1	0	0	0	0	0
P2	30	30	0	0	0
P3	0	0	0	0	0
P4	0	0	0	0	0

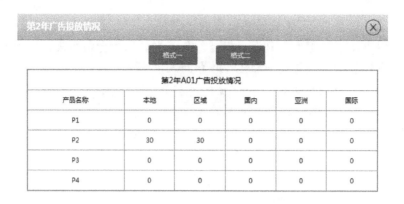

图 2-25　各组广告投放情况

点击“导出 Excel”，将各组的对比信息以 Excel 的形式下载保存查阅。

七、订单详情

点击主页面下方“订单详情”菜单，弹出框显示该教学班所有年份的市场订单明细，如图 2-26 所示。

订单详情

订单列表

订单编号	年份	市场	产品	数量	总价	交货期	帐期	ISO	所属用户	状态
ZZ-O1	第2年	本地	P1	2	103W	2季	2季	-	-	-
ZZ-O10	第2年	本地	P1	3	172W	2季	2季	-	-	-
ZZ-O100	第3年	本地	P1	1	63W	3季	2季	14	-	-
ZZ-O101	第3年	本地	P1	3	182W	2季	1季	9 14	-	-
ZZ-O102	第3年	本地	P1	4	196W	4季	0季	-	-	-
ZZ-O103	第3年	本地	P2	5	350W	1季	1季	-	-	-
ZZ-O104	第3年	本地	P2	5	376W	2季	3季	9	-	-
ZZ-O105	第3年	本地	P2	3	232W	2季	1季	14	-	-
ZZ-O106	第3年	本地	P2	2	134W	4季	4季	9 14	-	-
ZZ-O107	第3年	本地	P2	4	270W	1季	2季	-	-	-
ZZ-O108	第3年	本地	P2	2	136W	2季	3季	-	-	-
ZZ-O109	第3年	本地	P2	3	242W	4季	1季	9	-	-
ZZ-O11	第2年	本地	P1	4	241W	4季	0季	-	-	-
ZZ-O110	第3年	本地	P2	5	343W	1季	4季	14	-	-

图 2-26　订单详情

八、系统参数

点击主页面下方“系统参数”菜单，跳出弹出框，显示该教学班初始化的参数设置，选择可修改的参数，在后面的下拉框或编辑框内修改即可对经营参数进行修改。点击“确认"保存修改结果。其中，初始现金不可修改，如图 2-27 所示。

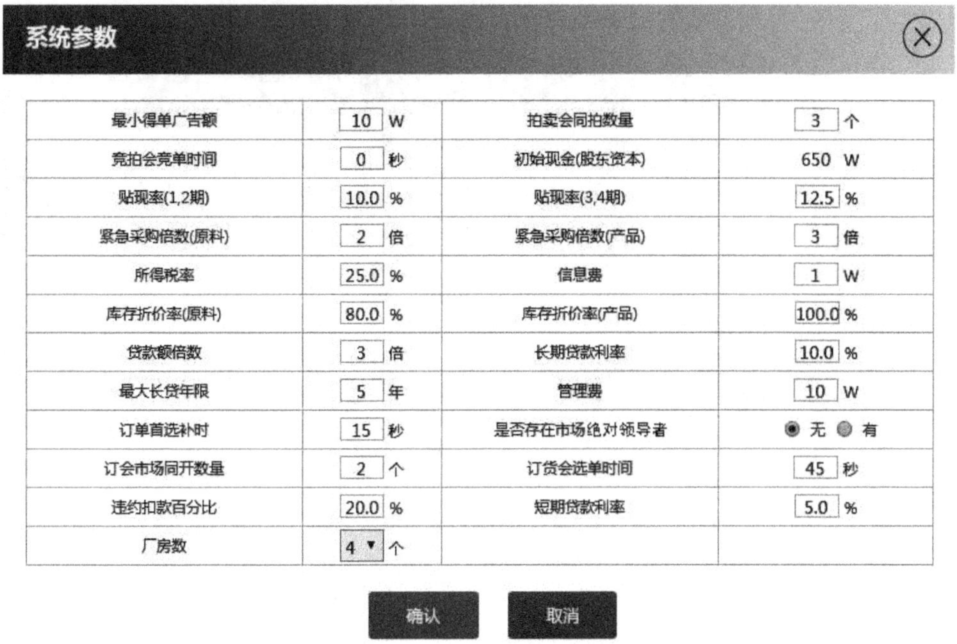

图 2-27　系统参数

九、教学班备份

点击主页面下方"教学班备份"菜单，将备份此操作前经营年份的数据，并可在之后的经营年份还原，可管理备份文件，可选择删除，如图 2-28 所示。

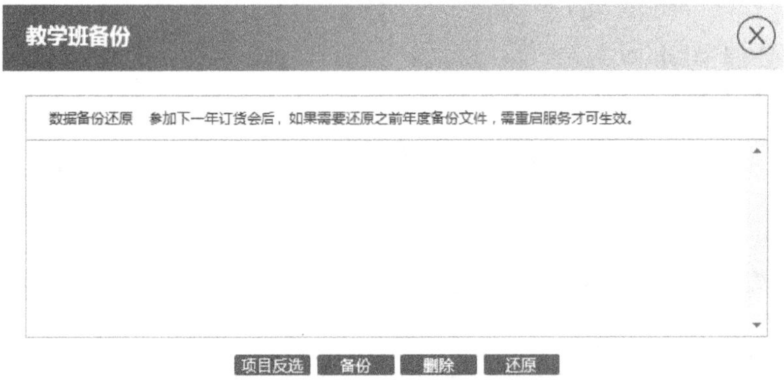

图 2-28　教学班备份

十、一键导出

点击主页面下方"一键导出"菜单，跳出"确认导出教学班的所有数据？"提示框，点击"确定"，系统将提供全部数据以压缩包的形式直接下载，如图 2-29 所示。

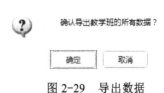

图 2-29　导出数据

十一、公告信息

点击主页面右上方"公告信息"菜单,显示消息发送对话框,如图 2-30 所示。

图 2-30　公告信息

另外,为了方便教师在每年结束时发送报表等信息,也方便学生保存,在教师端增加了"下发公告文件"按钮,包含企业报表、广告投放、企业贷款和应收款、一键下载。该操作仅支持在当年结束到参加下一年订货会前的操作,若教师在其他时间下发,则学生端无法收到,如图 2-31 所示。

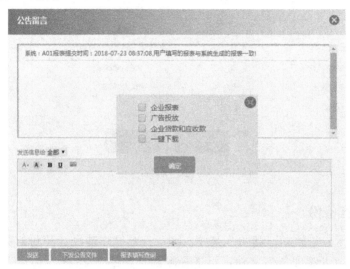

图 2-31　下发公告文件

十二、规则说明

点击主页面右上方的"规则说明"菜单,显示弹出框,即可查阅本场企业模拟经营的运营规则,如图 2-32 所示。该规则与初始化设置的系统参数一致,可根据每次参数设置不同而变动。

图 2-32　查看规则

十三、市场预测

点击主页面右上方的"市场预测"菜单,显示弹出框,即可查阅本场企业模拟经营的市场预测信息,包含均价、需求量、订单数,市场预测信息中的均价情况如图2-33所示。

序号	年份	产品	本地	区域	国内	亚洲	国际
1	第2年	P1	51.28	50.29	0	0	0
2	第2年	P2	67.23	76.17	0	0	0
3	第2年	P3	83.19	90.38	0	0	0
4	第2年	P4	104.54	107.77	0	0	0
5	第3年	P1	54.18	51.15	45.14	0	0
6	第3年	P2	72.73	66.78	74.24	0	0
7	第3年	P3	94.57	82.06	92.81	0	0
8	第3年	P4	102.44	106.11	111.52	0	0
9	第4年	P1	47.95	47.94	49.79	41.48	0
10	第4年	P2	69.91	80.56	68.40	69.93	0
11	第4年	P3	84.07	89.24	87.54	89.22	0
12	第4年	P4	102.50	100.46	99.82	105.30	0
13	第5年	P1	53.00	49.00	48.00	45.00	0
14	第5年	P2	60.72	71.30	62.03	67.32	0

图 2-33 查看市场预测

任务4 经 营 流 程

电子沙盘的操作分为基本流程和特殊流程,基本流程要求按照一定的顺序依次执行,不允许改变其执行的顺序。基本流程如图2-34所示。

1. 年初任务

年初任务主要包括投放广告、支付所得税、订货会、长期贷款等任务,如图2-35所示。

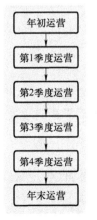

图 2-34 基本流程

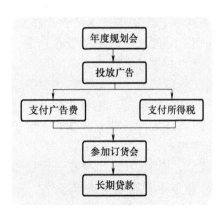

图 2-35 年初任务

2. 季度任务

季度任务主要包括贷款及采购、生产任务、交货以及研发等任务，如图2-36所示。

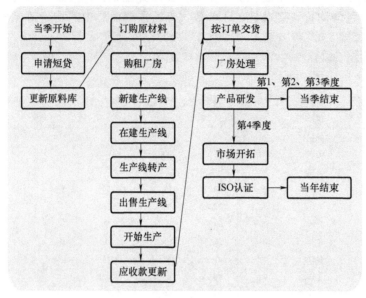

图2-36 季度任务

3. 年末任务

年末任务主要包括编制报表等任务，如图2-37所示。

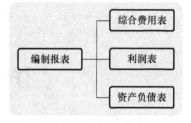

图2-37 年末任务

一、年初任务

1. 新年度规划会议

每年年初企业高层召开新年度规划会议，根据以往每年的数据确定新年度的经营方案。财务总监根据新年度规划会议的讨论结果填写对应年度的现金预算表，以确定本年度内现金是否能够维持企业的正常运转。

2. 投放广告（同时支付所得税及长贷利息）

双击系统中操作界面的"投放广告"按钮。

1）没有任何市场准入证时不能投放广告。

2）不要对ISO单独投放广告。

3）在投放广告窗口中，市场名称为红色表示市场尚未开发完成，不可投放广告。

4）完成所有市场投放后，选择"确认投放"退出，退出后不能返回更改。

5）广告投放确认后，长期贷款本息及税金同时自动扣除。

3. 选单顺序规则

广告选单规则：投10万元广告有一次选单机会，此后每增加20万元，多一次选单机会。系统自动依据以下规则确定选单顺序。

1）本市场本产品广告额多的先选单。

2）本市场广告总额多的先选单。
3）本市场上年销售额排名靠前者先选单。
4）仍不能确定，先投放广告者先选单。

4．选单信息

系统中将某市场某产品的选单过程成为回合（最多 25 回合），每回合选单可能有若干轮，在每轮选单中，各队按照排定的顺序依次选单，但只能选一张订单。当所有队都选完一次后，若再有订单，开始第二轮选单，各队行使第二轮选单机会，以此类推，直到所有订单被选完或所有队退出选单为止，本回合结束。当轮到某一公司选单时，"系统"以倒计时的形式给出本次选单的剩余时间，每次选单的时间上限为系统设置的选单时间，即在规定的时间内必须做出选择，否则系统自动视为放弃选择订单。无论是自动放弃还是系统超时放弃，都视为退出本回合选单。

1）选单权限由系统自动传递。
2）有权限的队伍必须在倒计时以内选单，否则系统视为放弃本回合。在倒计时大于 10 秒选单，出现确认框要 3 秒内确定，否则选单无效。
3）可借助右上角的三个排序按钮辅助选单。
4）系统自动判定是否有 ISO 资格。
5）轮到选单时订单选单按钮点亮，变为可操控。
6）不可选的订单显示为红色，即代表企业不满足资质。

5．申请长期贷款

1）选单结束后直接操作，一年只有一次，但可以申请不同年份的若干笔。
2）此次操作必须在"当季开始"之前；"当季开始"后将不可再操作。
3）可选择贷款年限，确定后不可更改。
4）不可超出最大贷款额度，即长短期贷款额度（已贷+欲贷）不可超过上年权益的倍数。

二、季度任务

1．当季开始

当年初操作结束后，应点击系统界面的"当季开始"按钮，系统会自动完成还本付息、更新短期贷款、更新生产、完工入库、生产线完工和转产完工步骤。

1）选单结束或长期贷款后当季开始。
2）开始新一季经营需要当季开始。
3）系统自动扣除短期贷款本息。
4）系统自动完成更新生产、产品入库及转产操作。

2．当季结束

1）一季经营完成需要当季结束确认。
2）系统自动扣行政管理费用（10 万元/季）及租金并检测产品开发完成情况。
3）申请短期借款。
4）一季只能操作一次。
5）长短期贷款总额（已贷+欲贷）不可超过上年权益的倍数。

3．更新原料库

1）系统自动提示需要支付的现金（不可更改）。

2）只需要选择"确认更新"按钮即可。

3）系统自动扣除现金。

4）确认更新后，后续的操作权限方可开启（下原料订单到更新应收款），前面的操作权限关闭。

5）一季只能操作一次。

4．订购原材料

1）输入所有需要的原料数量，然后按"确认"按钮，一季只能操作一次。

2）确认订购后不可退订。

3）可以不下订单。

5．购租厂房

厂房租入一年后可作租转买、退租处理，续租系统自动处理。

1）要建生产线，必须购买或租用厂房，没有租用或购买厂房不能新建生产线。

2）厂房可买可租，租用或购买厂房可以在任何季度进行。如果决定租用厂房或厂房买转租，租金在开始租用的季度交付。

3）如果厂房中没有生产线，可以选择退租，系统将删除该厂房。

4）厂房租用数量上限根据系统规定执行。

6．新建生产线

1）在系统中新建生产线，需先选择厂房、生产线类型和生产产品类型，特别是生产产品类型，生产产品一经确定，本生产线所生产的产品不能更换，如需更换，须在建成后进行转产处理。

2）每次操作可建一条生产线，同一季度可以重复操作多次，直至生产线的位置全部铺满。

3）新建生产线一经确认，即可进入第一期在建，当季自动扣除现金；投资生产线的支付不一定要连续，可以中断，也可以中断后继续投资。系统中也可以不做生产线投资。

7．在建生产线

1）系统自动列出投资未完成的生产线。

2）复选需要继续投资的生产线。

3）可以不选——表示本季中断投资。

4）一季只可操作一次。一条生产线待最后一期投资到位后，必须到下一季才算安装完成，允许使用。

8．生产线转产

1）系统自动列出符合转产要求的生产线。

2）复选需要转产的生产线。

3）选择转产指向的产品，然后确认。可多次操作。

4）转产周期为0也需要操作，但不会停产。

9．出售生产线

1）系统自动列出可变卖的生产线（建成的空置生产线、转产中的生产线不可出售）。

2）复选要出售的生产线。

3）变卖后，从净值中按残值收回现金，净值高于残值的部分计入当年费用的损失项。

10．开始生产

1）系统自动列出可以进行生产的生产线。

2）自动检测原料、生产资格和加工费。

3）复选要生产的生产线。

4）系统自动扣除原材料和加工费。

11．应收款更新

1）确认自动完成更新。

2）此步操作后，前面的各项操作权限关闭（不能返回以前的操作任务），并开启以后的操作任务，即按订单交货、厂房处理、产品研发。

12．按订单交货

1）系统自动列出当年未交且未过交货期的订单。

2）自动检测成品库存是否足够，交货期是否过期。

3）按下"确认交货"按钮，系统会自动增加应收账款或现金。

4）超过交货期的订单不能交货，系统在年底扣除违约金（计入损失）。

13．厂房处理

1）本操作适用于已经在用的厂房，若要新置厂房，请操作"购租厂房"。

2）如果拥有厂房且无生产线，可卖出，增加 4Q 应收款，并删除厂房。

3）如果拥有厂房但有生产线，卖出后增加 4Q 应收款，自动转为租，并扣除当年租金，记下租入时间。

4）租入厂房可以转为购买，并立即扣除现金；如无生产线，可退租并删除厂房。

5）租入厂房离上次付租金满一年，如果不执行本操作，视为续租，并在当季结束时自动扣除下一年租金。

14．产品研发

1）复选要开发的所有产品。

2）一季只允许操作一次。

3）当季结束，系统检测开发是否完成。

15．市场开拓

1）复选所要开发的市场，然后确认。

2）只有第 4 季度可操作一次，可中断投资。

3）当年结束系统自动检测市场开拓是否完成。（第 1 年第 4 季度不操作市场开拓，第 2 年年初会因无市场资格而无法投放广告选单）

16．ISO 认证

1）复选所要投资的资格，然后确认。

2）只有第 4 季度可操作一次，可中断投资。

3）当年结束系统自动检测 ISO 资格是否完成。

三、年末任务

1）第 4 季度经营结束，需要结束本年经营，确认一年经营完成。

2）点击"当年结束"按钮后，系统自动处理以下任务。

① 支付第 4 季度管理费。

② 缴纳违约订单罚款。

③ 支付设备维护费，年末时只要生产线安装完成，无论是否使用，必须于当年缴纳维护费。

3) 计提折旧。当年建成生产线当年不计提折旧，当净值等于残值时生产线不再计提折旧，但可以继续使用。

4) 系统会自动生成综合费用表、利润表和资产负债表三大报表，需要操作者填写三大报表，系统自动检测正确与否，不正确的会给予提示。

四、特殊运营任务

特殊运营任务不受运营流程的操作顺序限制，任意时间都可以操作。

1．厂房贴现

1) 任意时间可操作。

2) 如无生产线，厂房原值出售，售价按 4 季应收款全部贴现。

3) 如果有生产线，除按售价贴现外，还要再扣除租金。

4) 系统自动全部贴现，不允许部分贴现。

2．紧急采购

1) 任意时间可操作（竞单时不允许）。

2) 单选需购买的材料或产品，填写数量后确认采购。

3) 原料及产品的价格直接列示。

4) 当场扣款到货。

5) 购买原料和产品均按照成本计算，高于成本部分计入综合费用表损失项。

3．出售库存

1) 任意时间可操作。

2) 填入售出材料或产品的数量，然后确认。

3) 原料及产品按照系统设置的折扣率回收现金。

4) 售出后的损失部分计入费用表损失项。

5) 所得现金四舍五入。

4．贴现

1) 第 1 季度、第 2 季度和第 3 季度、第 4 季度分开贴现。

2) 第 1 季度与第 2 季度应收款加总贴现，第 3 季度与第 4 季度应收款加总贴现。

3) 可在任意时间操作且次数不限。

4) 填入贴现金额应小于或等于应收款。

5) 贴现额乘以对应贴现率，求得贴现费用（向上取整），贴现费用计入财务费用，其他部分增加现金。

5．企业信息查问功能的运用

1) 任意时间可操作（竞单时不允许）。查看任意一家企业信息，花费 1 万元（可变参数）可查看一家企业情况，包括资质、厂房、生产线、订单等（不包括报表）。

2) 以 Excel 表格形式提供。

3) 可以免费获得自己的相关信息。

6．订单信息
1）任意时间可操作。
2）可以查看所有订单信息及状态（可以按年筛选）。
7．市场预测
任意时间可查看、只包括选单。
8．破产检测
1）广告投放完毕、当季（年）开始、当季（年）结束、更新原料库等处，系统自动检测已有现金加上最大贴现额及出售所有库存及厂房贴现，是否足够本次支出，如果不够，则破产退出系统。
2）如需继续经营，联系管理员进行处理。
3）当年结束，若权益为负，则破产退出系统，如需继续经营，联系管理员进行处理。
9．其他
1）若需要付现，操作系统均会自动检测，如不够，则无法进行下去。
2）请注意更新原材料及更新应收账款两个操作，是其他操作之开关。
3）对操作顺序无严格要求，但建议按顺序操作。
4）可通过侧边对话框与裁判联系。
5）市场开拓与 ISO 投资仅第 4 季度可操作。
6）广告投放完毕，可通过查裁判发放的广告信息知道其他组广告投放情况。
7）操作中发生显示不当，应立即按 F5 刷新或退出重新登录。

任务5　模 拟 经 营

一、新用户登录

打开谷歌或 360 浏览器（极速版），登录网址：www.（本机 IP）.com，在用户登录页面输入"用户名""密码"，点击用户登录。用户名：A01，初始密码为1，如图 2-38 所示。

图 2-38　登录页面

二、用户注册

进入用户注册界面。修改密码,完善信息后,点击"确认",开始企业经营,如图 2-39 所示。

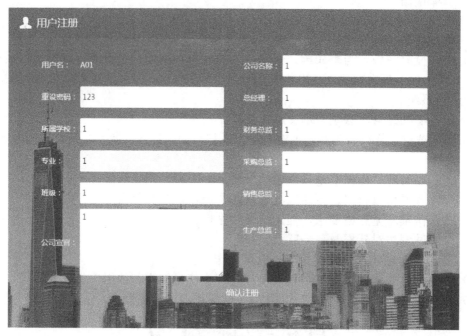

图 2-39 用户注册

三、查看规则和市场预测

1. 规则

规则说明:在系统中详细地列出生产线、融资、厂房、市场开拓、ISO 认证资格、产品研发、原料设置以及重要参数等数据,具体情况见表 2-13~表 2-20,并以此为依据做出不同的模拟方案。

(1)生产线

表 2-13 生产线信息表

名称	投资总额(万元)	每季投资额(万元)	安装周期(季)	生产周期(季)	总转产费用(万元)	转产周期(季)	维修费(万元/年)	残值(万元)	折旧费(万元)	折旧时间(年)	分值(分)
超级手工线	35	35	0	2	0	0	5	5	10	3	4
自动线	150	50	3	1	20	1	20	30	30	4	8
柔性线	200	50	4	1	0	0	20	40	40	4	10

注:1. 安装周期为 0,表示即买即用。
2. 计算投资总额时,若安装周期为 0,则按 1 算。
3. 不论何时出售生产线,价格为残值,净值与残值之差计入损失。
4. 只有空闲的生产线方可转产。
5. 当年建成生产线需要交维修费。
6. 折旧(平均年限法):建成当年不提折旧。

(2) 融资

表 2-14　融资信息表

贷款类型	贷款时间	贷款额度	年息		还款方式	备注
长期贷款	每年年初	所有长短贷之和不超过上年权益3倍	10.0%		年初付息，到期还本	不小于10万元
短贷贷款	每季度初		5.0%		到期一次还本付息	
资金贴现	任何时间	视应收款额而定	1季，2季：10.0%		变现时贴息	贴现各账期分开核算，分开计息
			3季，4季：12.5%			
库存拍卖		100.0%（产品）　80.0%（原料）				

(3) 厂房

表 2-15　厂房信息表

名称	购买价格（万元）	租金（万元/年）	出售价格（万元）	容量	分值（分）
大厂房	400	40	400	4	10
厂中房	300	30	300	3	8
小厂房	180	18	180	2	7

注：1. 厂房出售得到4个账期的应收款，紧急情况下可厂房贴现，直接得到现金。
　　2. 厂房租入后，一年后可作租转买、退租等处理，续租系统自动处理。

(4) 市场开拓

表 2-16　市场开拓信息表

名称	开发费（万元/年）	开发时间（年）	分值（分）
本地	10	1	7
区域	10	1	7
国内	10	2	8
亚洲	10	3	9
国际	0	9	0

注：1. 开发费用按开发时间在年末支付，不允许加速投资，但可以中断投资。
　　2. 市场开发完成后，领取相应的市场准入证。

(5) ISO 资格认证

表 2-17　ISO 资格认证信息表

名称	开发费（万元/年）	开发时间（年）	分值（分）
ISO9000	10	2	8
ISO14000	20	2	10

注：1. 开发费用在年末支付，不允许加速投资，但可以中断投资。
　　2. 开发完成后，领取相应的资格证。

（6）产品研发

表 2-18 产品研发信息表

名称	开发费（万元/季）	开发时间（季）	加工费（万元）	直接成本（万元）	分值（分）	产品组成
P1	10	2	10	20	7	R1*1
P2	10	3	10	30	8	R2*1 R3*1
P3	10	4	10	40	9	R3*1 R1*1 R4*1
P4	10	5	10	50	10	R4*2 R1*2 R3*1

注：开发费用在季末支付，不允许加速投资，但可以中断投资。

（7）原料设置

表 2-19 原料设置信息表

名称	购买单价（万元）	提前期（季）
R1	10	1
R2	10	1
R3	10	2
R4	10	2

（8）其他说明

1）紧急采购，付款即到货，原材料价格为直接成本的2倍；成品价格为直接成本的3倍。

2）选单规则：上年本市场销售额最高（无违约）优先；其次看本市场本产品广告额；再看本市场广告总额；再看市场销售排名；如仍无法决定，先投广告者先选单。

3）破产标准：现金断流或权益为负。

4）第一年无订单。

5）交单可提前，不可推后，违约收回订单。

6）违约金扣除——四舍五入，库存拍卖所得现金——向下取整，贴现费用——向上取整，扣税——四舍五入，长短贷利息——四舍五入。

7）库存折价拍价，生产线变卖，紧急采购，订单违约记入损失。

8）排行榜记分标准：总成绩=所有者权益×（1+企业综合发展潜力/100）；企业综合发展潜力=市场资格分值+ISO资格分值+生产资格分值+厂房分值+各条生产线分值。生产线建成（包括转产）即加分，无须生产出产品，也无须有在制品。

（9）重要参数

表 2-20 重要参数信息表

违约金比例（%）	20.0	贷款额倍数	3
产品折价率（%）	100.0	原料折价率（%）	80.0
长贷利率（%）	10.0	短贷利率（%）	5.0
1、2期贴现率（%）	10.0	3、4期贴现率（%）	12.5
初始现金（万元）	700	管理费（万元）	10
信息费（万元）	1	所得税率（%）	25.0
最大长贷年限（年）	5	最小得单广告额（万元）	10
原料紧急采购倍数	2	产品紧急采购倍数	3

(续)

选单时间（秒）	45	首位选单补时（秒）	15
市场同开数量	2	市场老大	无
竞单时间（秒）	90	竞单同竞数	3
最大厂房数量（个）	4		

2．市场预测

市场预测部分会给出此次订单的汇总预测数据，包括每一年、每一种产品、每一个市场的订单均价、市场产品需求量、市场订单数量等信息。

（1）市场预测表——均价（见表2-21）

表2-21　市场预测表——均价　　　　　　　　　　（单位：万元）

序号	年份	产品	本地	区域	国内	亚洲	国际
1	第2年	P1	51.28	50.29	0	0	0
2	第2年	P2	67.23	76.17	0	0	0
3	第2年	P3	83.19	90.38	0	0	0
4	第2年	P4	104.54	107.77	0	0	0
5	第3年	P1	54.18	51.15	45.14	0	0
6	第3年	P2	72.73	66.78	74.24	0	0
7	第3年	P3	94.57	82.06	92.81	0	0
8	第3年	P4	102.44	106.11	111.52	0	0
9	第4年	P1	47.95	47.94	49.79	41.48	0
10	第4年	P2	69.91	80.56	68.40	69.93	0
11	第4年	P3	84.07	89.24	87.54	89.22	0
12	第4年	P4	102.50	100.46	99.82	105.30	0
13	第5年	P1	53.00	49.00	48.00	45.00	0
14	第5年	P2	60.72	71.30	62.03	67.32	0
15	第5年	P3	82.44	98.90	93.41	82.43	0
16	第5年	P4	101.35	104.93	99.82	98.55	0
17	第6年	P1	48.92	53.97	56.24	51.74	0
18	第6年	P2	73.93	64.37	62.97	64.34	0
19	第6年	P3	94.45	89.14	94.46	80.20	0
20	第6年	P4	101.79	98.32	106.78	100.32	0

（2）市场预测表——需求量（见表2-22）

表2-22　市场预测表——需求量　　　　　　　　　　（单位：个）

序号	年份	产品	本地	区域	国内	亚洲	国际
1	第2年	P1	32	24	0	0	0
2	第2年	P2	26	18	0	0	0
3	第2年	P3	27	26	0	0	0
4	第2年	P4	24	22	0	0	0
5	第3年	P1	28	26	28	0	0

（续）

序号	年份	产品	本地	区域	国内	亚洲	国际
6	第3年	P2	30	23	33	0	0
7	第3年	P3	30	31	26	0	0
8	第3年	P4	27	35	25	0	0
9	第4年	P1	19	33	33	23	0
10	第4年	P2	32	25	25	30	0
11	第4年	P3	28	37	28	27	0
12	第4年	P4	24	28	28	30	0
13	第5年	P1	30	27	24	31	0
14	第5年	P2	32	23	32	38	0
15	第5年	P3	25	30	29	23	0
16	第5年	P4	31	29	28	22	0
17	第6年	P1	26	30	29	27	0
18	第6年	P2	30	27	33	35	0
19	第6年	P3	20	35	24	25	0
20	第6年	P4	33	28	36	31	0

（3）市场预测表——订单数量（见表2-23）

表2-23 市场预测表——订单数量　　　　　　　　（单位：张）

序号	年份	产品	本地	区域	国内	亚洲	国际
1	第2年	P1	11	9	0	0	0
2	第2年	P2	11	8	0	0	0
3	第2年	P3	12	11	0	0	0
4	第2年	P4	9	9	0	0	0
5	第3年	P1	12	12	10	0	0
6	第3年	P2	12	11	11	0	0
7	第3年	P3	12	11	10	0	0
8	第3年	P4	11	13	10	0	0
9	第4年	P1	12	12	12	11	0
10	第4年	P2	12	12	12	13	0
11	第4年	P3	11	13	12	10	0
12	第4年	P4	12	11	11	13	0
13	第5年	P1	12	11	11	12	0
14	第5年	P2	12	10	13	14	0
15	第5年	P3	10	11	12	11	0
16	第5年	P4	12	10	12	10	0
17	第6年	P1	10	11	10	11	0
18	第6年	P2	11	11	11	12	0
19	第6年	P3	10	12	10	11	0
20	第6年	P4	12	12	13	13	0

3. 设定方案

在该规则和市场条件下，我们选择4自P2的方案进行模拟运营。下面，我们根据规则和市场，进行编制预算、模拟经营和编制报表等操作。

四、模拟第1年运营

（一）编制第1年预算（见表2-24、表2-25）

表 2-24　第1年现金流量表　　　　　　　　　　　　（单位：万元）

行次	项目	第1季度	第2季度	第3季度	第4季度
1	年初现金	700			
2	广告投放				
3	支付上年应交税				
4	支付长贷利息				
5	长期贷款还款				
6	申请长期贷款				
7	贴现金额（随时进行）				
8	贴现费用（随时进行）				
9	季初盘点（请填余额）	700	690	430	210
10	短期贷款还本				
11	支付短期贷款利息				
12	申请短期贷款				209
13	原材料入库				
14	购买厂房				
15	租用厂房		40		
16	新建/在建生产线		200	200	200
17	生产线转产				
18	变卖生产线				
19	紧急采购（随时进行）				
20	开始生产下一批				
21	季中盘点（请填余额）	700	450	230	219
22	应收款到期				
23	订单交货（0账期）				
24	厂房处理				
25	产品研发投资		10	10	10
26	出售库存（随时进行）				
27	厂房贴现（随时进行）				
28	厂房续租				
29	支付管理费	10	10	10	10
30	新市场开拓				40
31	ISO资格认证				30
32	缴纳违约订单罚款				
33	支付设备维护费				
34	季末现金	690	430	210	129

表 2-25　材料采购表

年份	季度	生产计划					采购计划				人工费	材料费
		P1	P2	P3	P4	P5	R1	R2	R3	R4		
第1年	1								0	0		
	2						0	0	0	0		
	3						0	0	4	0	0	0
	4						0	4	4	0	0	0
第2年	1		4				0	4	4	0	40	80
	2		4				0	4	4	0	40	80
	3		4				0	4	4	0	40	80
	4		4				0	4	4	0	40	80

（二）第1年经营流程

1．第1年第1季度"当季开始"

点击"当季开始"，弹出对话框，点击"确认"，如图2-40所示。

2．更新原料库

点击"更新原料库"，弹出对话框，点击"确认"，如图2-41所示。

图2-40　第1年第1季度"当季开始"　　　图2-41　更新原料库

3．应收款更新

点击"应收款更新"，弹出对话框，点击"确认"，如图2-42所示。

4．第1年第1季度"当季结束"

点击"当季结束"，弹出对话框，点击"确认"，如图2-43所示。

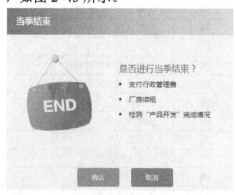

图2-42　应收款更新　　　图2-43　第1年第1季度"当季结束"

注：支付行政管理费10万元。

5. 第1年第2季度"当季开始"

点击"当季开始",弹出对话框,点击"确认",如图2-44所示。

6. 更新原料库

点击"更新原料库",弹出对话框,点击"确认",如图2-45所示。

图2-44 第1年第2季度"当季开始"

图2-45 更新原料库

7. 购租厂房

点击"购租厂房",弹出对话框,选择"厂房类型:大厂房",选择"订购方式:租",点击"确认",如图2-46所示。

8. 新建生产线

点击"新建生产线",弹出对话框,选择"所属厂房:大厂房(编号:0364)",选择"类型:自动线(价格:150W)",选择"生产产品:P2",点击"确认",如图2-47所示。

在盘面中也可看到"在建"字样,紧临"在建"的3个格子代表建设周期为3个季度,其中一个显示为实心,表示已在建,如图2-48所示。

图2-46 购租厂房

注:租用大厂房40万元。

图2-47 新建生产线

注:新建4条自动线200万元。

图2-48 在建的生产线

9. 应收款更新

点击"应收款更新",弹出对话框,点击"确认",如图 2-49 所示。

10. 产品研发

点击"产品研发",弹出对话框,选择"产品研发:P2",点击"确认",如图 2-50 所示。

图 2-49　应收款更新　　　　　　　　图 2-50　产品研发

注:P2 产品研发 10 万元。

11. 第 1 年第 2 季度"当季结束"

点击"当季结束",弹出对话框,点击"确认",如图 2-51 所示。

12. 第 1 年第 3 季度"当季开始"

点击"当季开始",弹出对话框,点击"确认",如图 2-52 所示。

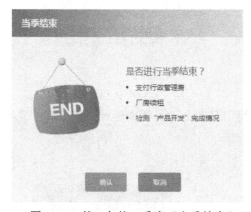 

图 2-51　第 1 年第 2 季度"当季结束"　　图 2-52　第 1 年第 3 季度"当季开始"

注:支付行政管理费 10 万元。

13. 更新原料库

点击"更新原料库",弹出对话框,点击"确认",如图 2-53 所示。

14. 订购原料

点击"订购原料",弹出对话框,输入"订购原料:R3:4",点击"确认",如图 2-54 所示。

15. 在建生产线

点击"在建生产线",弹出对话框,选择"在建生产线:4 条自动线",点击"确认",

如图 2-55 所示。

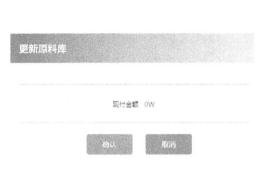

图 2-53 更新原料库

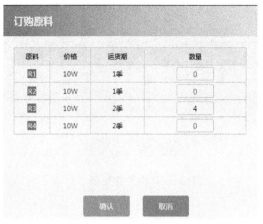

原料	价格	运货期	数量
R1	10W	1季	0
R2	10W	1季	0
R3	10W	2季	4
R4	10W	2季	0

图 2-54 订购原料

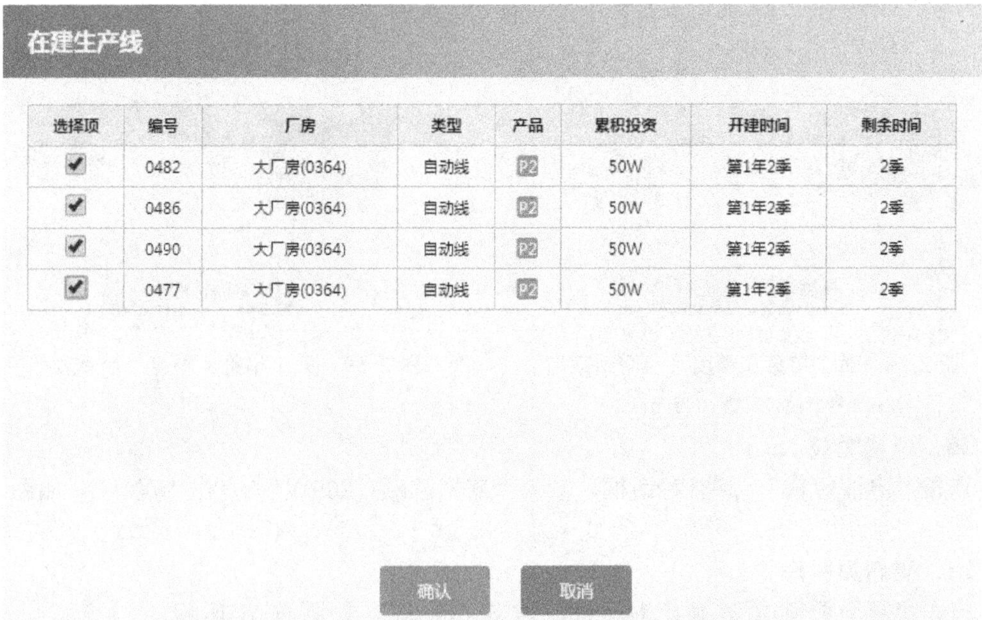

选择项	编号	厂房	类型	产品	累积投资	开建时间	剩余时间
✔	0482	大厂房(0364)	自动线	P2	50W	第1年2季	2季
✔	0486	大厂房(0364)	自动线	P2	50W	第1年2季	2季
✔	0490	大厂房(0364)	自动线	P2	50W	第1年2季	2季
✔	0477	大厂房(0364)	自动线	P2	50W	第1年2季	2季

图 2-55 在建生产线

注：在建 4 条自动线 200 万元。

16．应收款更新

点击“应收款更新”，弹出对话框，点击“确认”，如图 2-56 所示。

17．产品研发

点击“产品研发”，弹出对话框，选择“产品研发：P2”，点击“确认”，如图 2-57 所示。

18．第 1 年第 3 季度“当季结束”

点击“当季结束”，弹出对话框，点击“确认”，如图 2-58 所示。

19．第 1 年第 4 季度“当季开始”

点击“当季开始”，弹出对话框，点击“确认”，如图 2-59 所示。

图 2-56 应收款更新

图 2-57 产品研发

注：P2 产品研发 10 万元。

图 2-58 第 1 年第 3 季度"当季结束"

注：支付行政管理费 10 万元。

图 2-59 第 1 年第 4 季度"当季开始"

20．申请短贷

点击"申请短贷"，弹出对话框，输入"需贷款额：209W"，点击"确认"。如图 2-60 所示。

21．更新原料库

点击"更新原料库"，弹出对话框，点击"确认"，如图 2-61 所示。

图 2-60 申请短贷

注：申请短贷 209 万元。

图 2-61 更新原料库

22．订购原料

点击“订购原料”，弹出对话框，输入“订购原料：R2:4 个、R3:4 个”，点击“确认”，如图 2-62 所示。

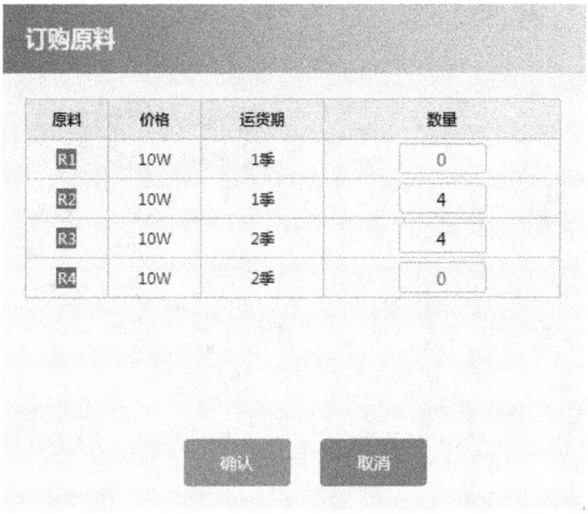

订购原料

原料	价格	运货期	数量
R1	10W	1季	0
R2	10W	1季	4
R3	10W	2季	4
R4	10W	2季	0

确认　取消

图 2-62　订购原料

23．在建生产线

点击“在建生产线”，弹出对话框，选择“在建生产线：4 条自动线”，点击“确认”，如图 2-63 所示。

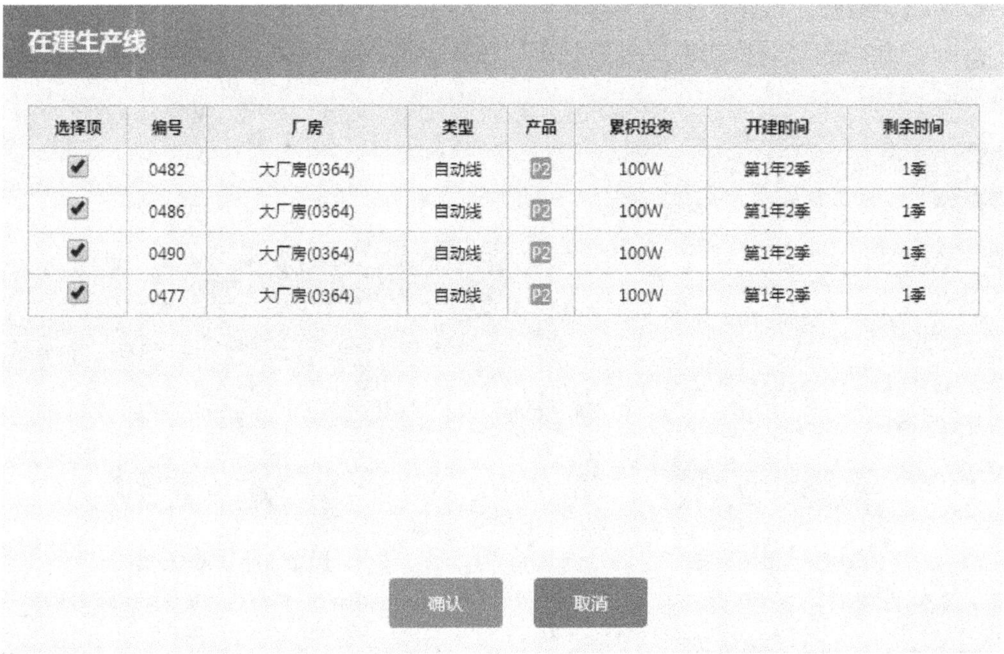

在建生产线

选择项	编号	厂房	类型	产品	累积投资	开建时间	剩余时间
✔	0482	大厂房(0364)	自动线	P2	100W	第1年2季	1季
✔	0486	大厂房(0364)	自动线	P2	100W	第1年2季	1季
✔	0490	大厂房(0364)	自动线	P2	100W	第1年2季	1季
✔	0477	大厂房(0364)	自动线	P2	100W	第1年2季	1季

确认　取消

图 2-63　在建生产线

注：在建 4 条自动线 200 万元。

24. 应收款更新

点击"应收款更新",弹出对话框,点击"确认",如图 2-64 所示。

25. 产品研发

点击"产品研发",弹出对话框,选择"产品研发:P2",点击"确认",如图 2-65 所示。

图 2-64 应收款更新

图 2-65 产品研发

注:P2 产品研发 10 万元。

26. 市场开拓

点击"市场开拓",弹出对话框,选择"市场开拓:本地、区域、国内、亚洲、国际",点击"确认",如图 2-66 所示。

27. ISO 投资

点击"ISO 投资",弹出对话框,选择"ISO 投资:ISO9000、ISO14000",点击"确认",如图 2-67 所示。

图 2-66 市场开拓

注:本地、区域、国内、亚洲市场开拓 40 万元。

图 2-67 ISO 投资

注:ISO9000、ISO14000 资格认证 30 万元。

28. 第 1 年"当年结束"

点击"当年结束",弹出对话框,点击"确认",如图 2-68 所示。

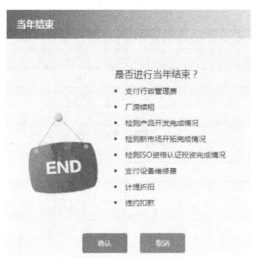

图 2-68　第 1 年"当年结束"

注：支付行政管理费 10 万元。

29．第 1 年财务报表（见表 2-26）：综合费用表、利润表、资产负债表

表 2-26　第 1 年财务报表　　　　　　　　　（单位：万元）

综合费用表	
项　目	金　额
管理费	40
广告费	0
设备维护费	0
转产费	0
租金	40
市场准入开拓	40
ISO 认证资格	30
产品研发费	30
信息费	0
其他	0
合计	180
利润表	
项　目	金　额
销售收入	0
直接成本	0
毛利	0
综合管理费用	180
折旧前利润	−180
折旧	0
支付利息前利润	−180
财务费用	0

（续）

利润表	
项　　目	金　　额
税前利润	−180
所得税	0
净利润	−180

资产负债表			
项　　目	金　　额	项　　目	金　　额
现金	129	长期负债	0
应收款	0	短期负债	209
在制品	0	特别贷款	0
产成品	0	应交税金	0
原材料	0	—	—
流动资产合计	129	负债合计	209
土地和建筑	0	股东资本	700
机器与设备	0	利润留存	0
在建工程	600	年度净利	−180
固定资产合计	600	所有者权益合计	520
资产总计	729	负债和所有者权益总计	729

30．综合费用表的填写

点击"综合费用表"，弹出对话框，输入数据，点击"保存"，如图2-69所示。

图2-69　综合费用表的填写

31．利润表的填写

点击"利润表"，弹出对话框，输入数据，点击"保存"，如图2-70所示。

图 2-70　利润表的填写

32．资产负债表的填写

点击"资产负债表"，弹出对话框，输入数据，点击"保存"，如图 2-71、图 2-72 所示。

图 2-71　资产负债表（流动资产、负债）的填写

图 2-72　资产负债表（固定资产、所有者权益）的填写

五、模拟第 2 年运营

（一）投放广告和选择订单

1．投放广告

第 2 年可以生产 12 个 P2。根据市场预测表——需求量，我们可以知道第 2 年 P2 的总需求量为 44 个。根据市场预测表——订单数量，我们可以知道第 2 年 P2 总订单数量为 19 个。那么，我们可以计算出每张订单的数量大约为 2.32 个。所以，我们至少需要在每个市场抢两次订单，本地和区域的广告额均为 30 万元。

点击"投放广告"，弹出对话框，输入"P2：本地：30W、区域：30W"，点击"确认"，如图 2-73 所示。广告投放完毕，点击"确认"，如图 2-74 所示。

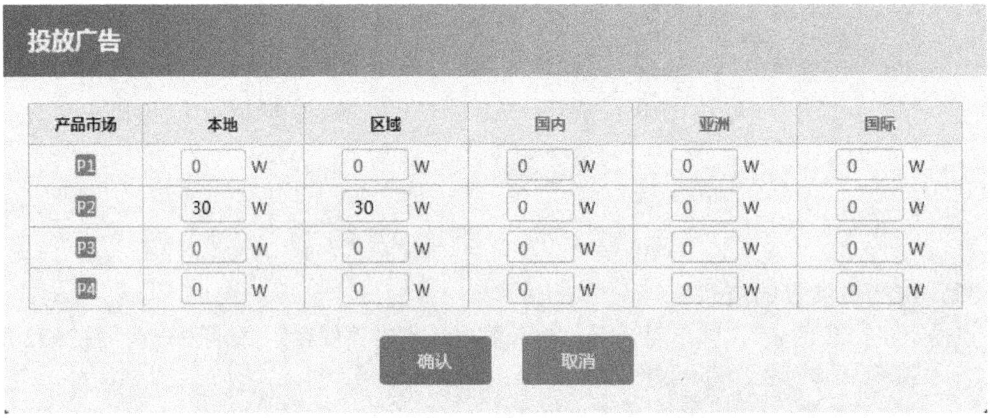

图 2-73　投放广告

注：P2 产品广告投放 60 万元。

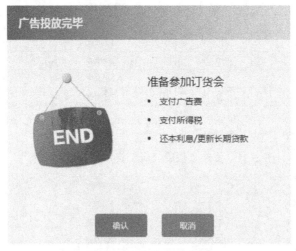

图 2-74　广告投放完毕

2．参加订货会

点击"参加订货会"，弹出对话框，订货会就绪（等待教师开通），如图 2-75 所示。
点击"参加订货会"，弹出对话框，准备开始选单，如图 2-76、图 2-77 所示。

图 2-75 订货会就绪

图 2-76 参加订货会

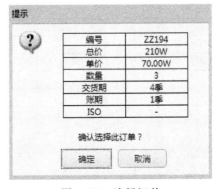

图 2-77 选择订单

3. 订单统计（见表 2-27）

表 2-27 订单交货表

产品	数量（个）	金额（万元）	交货期（季）	账期（季）	交货时间（季）	应收到期（季）
P2	3	210	4	1	3	4
P2	4	275	4	1	2	3
P2	2	161	4	0	4	4

（二）编制第 2 年预算（见表 2-28、表 2-29）

表 2-28 第 2 年现金流量表　　　　　　　　　　（单位：万元）

行次	项目	第1季度	第2季度	第3季度	第4季度
1	年初现金	129			
2	广告投放	60			
3	支付上年应交税				
4	支付长贷利息				
5	长期贷款还款				
6	申请长期贷款				
7	贴现金额（随时进行）				
8	贴现费用（随时进行）				
9	季初盘点（请填余额）	69	8	7	281
10	短期贷款还本				10
11	支付短期贷款利息				209
12	申请短期贷款	69	169	129	69
13	原材料入库	80	80	80	80
14	购买厂房				
15	租用厂房				
16	新建/在建生产线				
17	生产线转产				
18	变卖生产线				
19	紧急采购（随时进行）				
20	开始生产下一批	40	40	40	40
21	季中盘点（请填余额）	18	57	16	11
22	应收款到期			275	210
23	订单交货（0账期）				161
24	厂房处理				
25	产品研发投资				
26	出售库存（随时进行）				
27	厂房贴现（随时进行）				
28	厂房续租		40		
29	支付管理费	10	10	10	10
30	新市场开拓				20
31	ISO资格认证				30
32	缴纳违约订单罚款				
33	支付设备维护费				80
34	季末现金	8	7	281	242

表 2-29 材料采购表　　　　　　　　　　　　　　（单位：万元）

年 份	生 产 计 划						采 购 计 划					
	季 度	P1	P2	P3	P4	P5	R1	R2	R3	R4	人 工 费	材 料 费
第 2 年	1		4				0	4	4	0	40	80
	2		4				0	4	4	0	40	80
	3		4				0	4	4	0	40	80
	4		4				0	4	4	0	40	80
第 3 年	1		4				0	4	4	0	40	80
	2		4				0	4	4	0	40	80
	3		4				0	4	0	0	40	80
	4		4				0	0	0	0	40	80

（三）第 2 年经营流程

1．第 2 年第 1 季度"当季开始"

点击"当季开始"，弹出对话框，点击"确认"，如图 2-78 所示。

2．申请短贷

点击"申请短贷"，弹出对话框，输入"需贷款额：69W"，点击"确认"，如图 2-79 所示。

图 2-78　第 2 年第 1 季度"当季开始"

图 2-79　申请短贷

注：申请短贷 69 万元。

3．更新原料库

点击"更新原料库"，弹出对话框，点击"确认"，如图 2-80 所示。

4．订购原料

点击"订购原料"，弹出对话框，输入"订购原料：R2:4、R3:4"，点击"确认"，如图 2-81 所示。

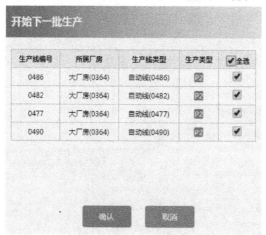

图 2-80　更新原料库　　　　　　　图 2-81　订购原料

注：更新原料库 80 万元。

5．开始生产

点击"开始生产",弹出对话框,选择"全选",点击"确认",如图 2-82 所示。

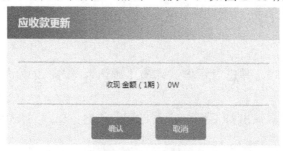

图 2-82　开始下一批生产

注：开始下一批生产 40 万元。

6．应收款更新

点击"应收款更新",弹出对话框,点击"确认",如图 2-83 所示。

图 2-83　应收款更新

7．第 2 年第 1 季度"当季结束"

点击"当季结束",弹出对话框,点击"确认",如图 2-84 所示。

8．第 2 年第 2 季度"当季开始"

点击"当季开始",弹出对话框,点击"确认",如图 2-85 所示。

图 2-84　第 2 年第 1 季度"当季结束"

注：支付行政管理费 10 万元。

图 2-85　第 2 年第 2 季度"当季开始"

9．申请短贷

点击"申请短贷",弹出对话框,输入"需贷款额：169W",点击"确认",如图 2-86 所示。

10．更新原料库

点击"更新原料库",弹出对话框,点击"确认",如图 2-87 所示。

图 2-86　申请短贷

注：申请短贷 169 万元。

图 2-87　更新原料库

注：更新原料库 80 万元。

11．订购原料

点击"订购原料",弹出对话框,输入"订购原料：R2:4、R3:4",点击"确认",如图 2-88 所示。

12．开始生产

点击"开始生产",弹出对话框,选择"全选",点击"确认",如图 2-89 所示。

图 2-88　订购原料

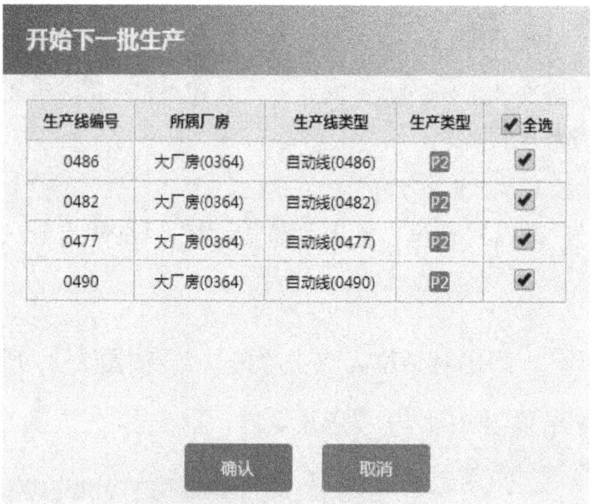

图 2-89　开始下一批生产

注：开始下一批生产 40 万元。

13．应收款更新

点击"应收款更新"，弹出对话框，点击"确认"，如图 2-90 所示。

图 2-90　应收款更新

14. 按订单交货

点击"按订单交货",弹出对话框,选择交货订单,点击"确认交货",如图 2-91、图 2-92 所示。

15. 第 2 年第 2 季度"当季结束"

点击"当季结束",弹出对话框,点击"确认",如图 2-93 所示。

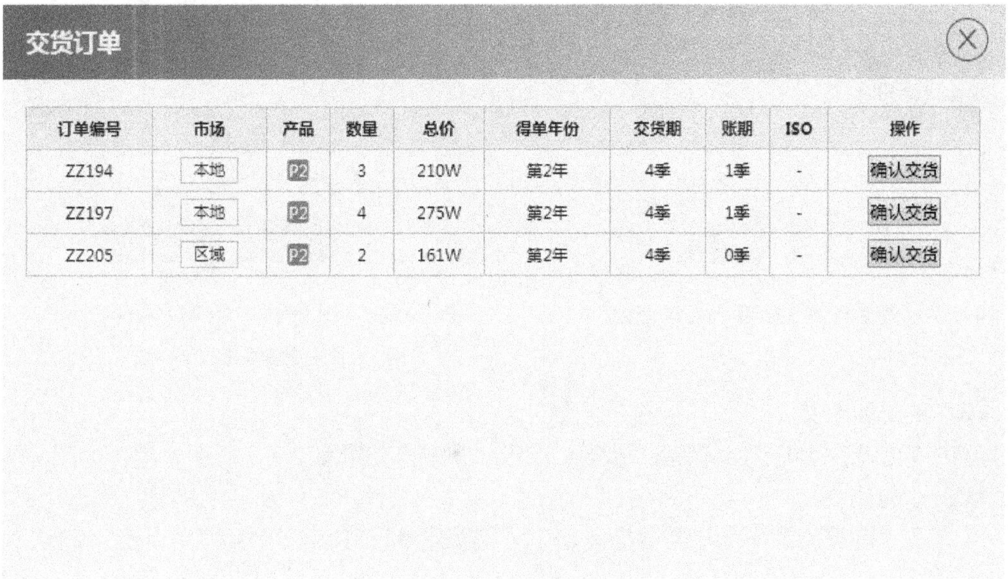

订单编号	市场	产品	数量	总价	得单年份	交货期	账期	ISO	操作
ZZ194	本地	P2	3	210W	第2年	4季	1季	-	确认交货
ZZ197	本地	P2	4	275W	第2年	4季	1季	-	确认交货
ZZ205	区域	P2	2	161W	第2年	4季	0季	-	确认交货

图 2-91 交货订单

注:按订单交货编号:ZZ197。

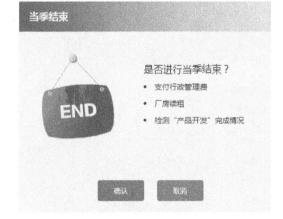

图 2-92 确认交货

图 2-93 第 2 年第 2 季度"当季结束"

注:支付行政管理费 10 万元,厂房续租 40 万元。

16. 第 2 年第 3 季度"当季开始"

点击"当季开始",弹出对话框,点击"确认",如图 2-94 所示。

17. 申请短贷

点击"申请短贷",弹出对话框,输入"贷款额度:129W",点击"确认",如图 2-95 所示。

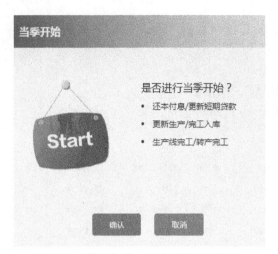

图 2-94　第 2 年第 3 季度"当季开始"

图 2-95　申请短贷

注：申请短贷 129 万元。

18．更新原料库

点击"更新原料库"，弹出对话框，点击"确认"，如图 2-96 所示。

19．订购原料

点击"订购原料"，弹出对话框，输入"订购原料：R2:4、R3:4"，点击"确认"，如图 2-97 所示。

图 2-96　更新原料库

注：更新原料库 80 万元。

图 2-97　订购原料

20．开始生产

点击"开始生产"，弹出对话框，选择全选，点击"确认"，如图 2-98 所示。

21．应收款更新

点击"应收款更新"，弹出对话框，选择全选，点击"确认"，如图 2-99 所示。

图 2-98　开始下一批生产

注：开始下一批生产 40 万元。

图 2-99　应收款更新

注：应收款更新 275 万元。

22．按订单交货

点击"按订单交货"，弹出对话框，选择交货订单，点击"确认交货"，如图 2-100、图 2-101 所示。

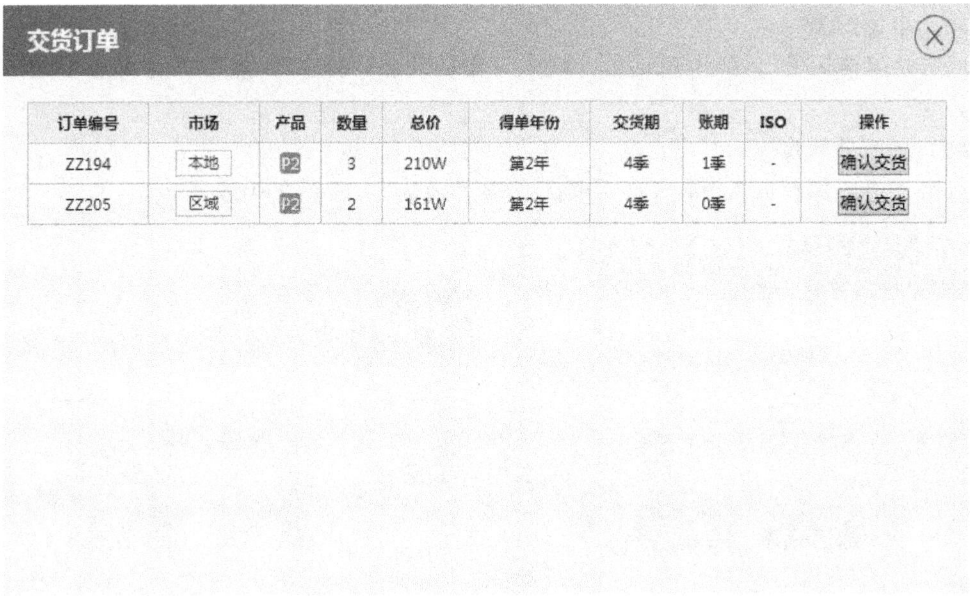

订单编号	市场	产品	数量	总价	得单年份	交货期	账期	ISO	操作
ZZ194	本地	P2	3	210W	第2年	4季	1季	-	确认交货
ZZ205	区域	P2	2	161W	第2年	4季	0季	-	确认交货

图 2-100　按订单交货

注：按订单交货编号：ZZ194。

图 2-101　确认交货

23．第 2 年第 3 季度"当季结束"
点击"当季结束",弹出对话框,点击"确认",如图 2-102 所示。

24．第 2 年第 4 季度"当季开始"
点击"当季开始",弹出对话框,点击"确认",如图 2-103 所示。

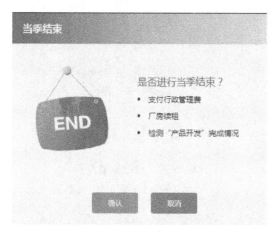

图 2-102　第 2 年第 3 季度"当季结束"
注:支付行政管理费 10 万元。

图 2-103　第 2 年第 4 季度"当季开始"

25．申请短贷
点击"申请短贷",弹出对话框,输入"需贷款额:69W",点击"确认",如图 2-104 所示。

26．更新原料库
点击"更新原料库",弹出对话框,点击"确认",如图 2-105 所示。

图 2-104　申请短贷
注:申请短贷 69 万元。

图 2-105　更新原料库
注:更新原料库 80 万元。

27．订购原料
点击"订购原料",弹出对话框,输入"订购原料:R2:4、R3:4",点击"确认",如图 2-106 所示。

28．开始生产
点击"开始生产",弹出对话框,选择"全选",点击"确认",如图 2-107 所示。

图 2-106 订购原料

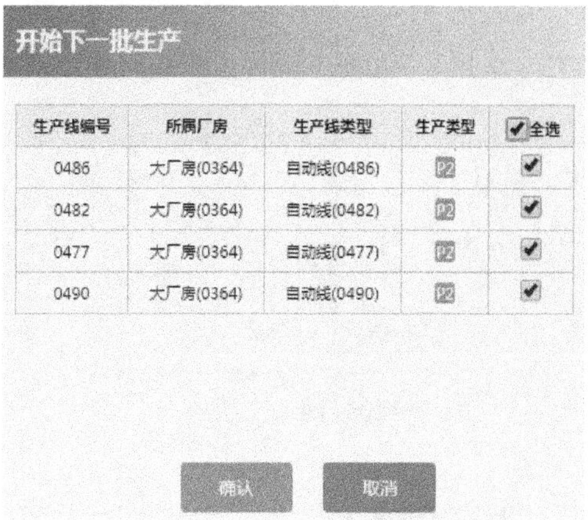

图 2-107 开始下一批生产

注：开始下一批生产 40 万元。

29．应收款更新

点击"应收款更新"，弹出对话框，点击"确认"，如图 2-108 所示。

图 2-108 应收款更新

注：应收款更新 210 万元。

30．按订单交货

点击"按订单交货"，弹出对话框，选择交货订单，点击"确认交货"，如图 2-109、图 2-110 所示。

31．开拓市场

点击"开拓市场"，弹出对话框，选择"市场开拓：国内、亚洲、国际"，点击"确认"，如图 2-111 所示。

图 2-109 按订单交货

注：按订单交货编号：ZZ205。

图 2-110　确认交货

图 2-111　开拓市场

注：国内、亚洲市场开拓 20 万元。

32．ISO 投资

点击"ISO 投资"，弹出对话框，选择"ISO 资格：ISO9000、ISO14000"，点击"确认"，如图 2-112 所示。

图 2-112　ISO 投资

注：ISO9000、ISO14000 资格认证 30 万元。

33．第 2 年"当年结束"

点击"当年结束"，弹出对话框，点击"确认"，如图 2-113 所示。

图 2-113　第 2 年"当年结束"

注：支付行政管理费用 10 万元，设备维护费 80 万元。

34. 第 2 年财务报表（见表 2-30）：综合费用表、利润表、资产负债表

表 2-30　第 2 年财务报表　　　　　　　　　　（单位：万元）

综合费用表	
项目	金额
管理费	40
广告费	60
设备维护费	80
转产费	0
租金	40
市场准入开拓	20
产品研发	0
ISO 认证资格	30
信息费	0
其他	0
合计	270

利润表	
项目	金额
销售收入	646
直接成本	270
毛利	376
综合管理费用	270
折旧前利润	106
折旧	0
支付利息前利润	106
财务费用	10
税前利润	96
所得税	0
净利润	96

资产负债表			
项目	金额	项目	金额
现金	242	长期负债	0
应收款	0	短期负债	436

(续)

资产负债表			
项目	金额	项目	金额
在制品	120	应交税金	0
产成品	90	—	—
原材料	0	—	—
流动资产合计	452	负债合计	436
固定资产		所有者权益	
土地和建筑	0	股东资本	700
机器与设备	600	利润留存	-180
在建工程	0	年度净利	96
固定资产合计	600	所有者权益合计	616
资产总计	1052	负债和所有者权益总计	1052

35．综合费用表的填写

点击"综合费用表"，弹出对话框，输入数据，点击"保存"，如图2-114所示。

图2-114 综合费用表的填写

36．利润表的填写

点击"利润表"，弹出对话框，输入数据，点击"保存"，如图2-115所示。

综合费用表

综合费用表　利润表　资产负债表

销售收入	646 W
直接成本	270 W
毛利	376W
综合管理费用	270 W
折旧前利润	106W
折旧	0 W
支付利息前利润	106W
财务费用	10 W
税前利润	96W
所得税	0 W
净利润	96W

提交　保存

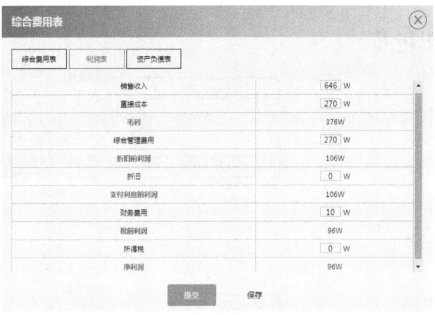

图 2-115　利润表的填写

37．资产负债表的填写

点击“资产负债表”，弹出对话框，输入数据，点击“保存”，如图 2-116、图 2-117 所示。

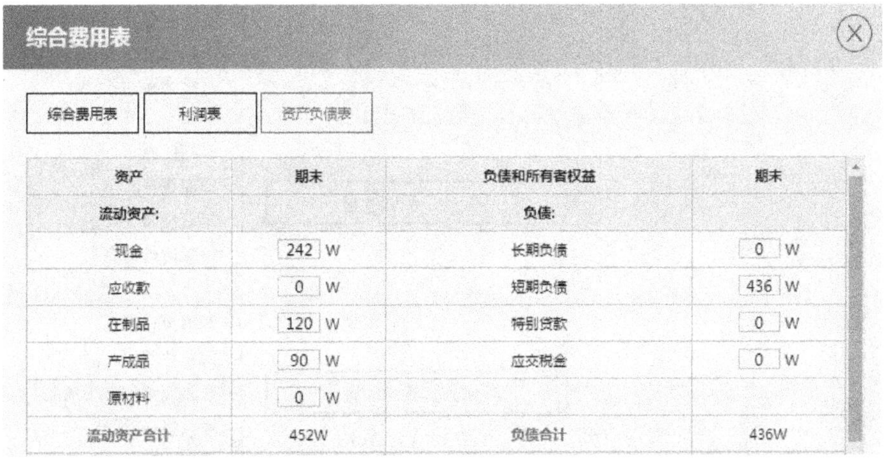

综合费用表

综合费用表　利润表　资产负债表

资产	期末	负债和所有者权益	期末
流动资产:		负债:	
现金	242 W	长期负债	0 W
应收款	0 W	短期负债	436 W
在制品	120 W	特别贷款	0 W
产成品	90 W	应交税金	0 W
原材料	0 W		
流动资产合计	452W	负债合计	436W

图 2-116　资产负债表（流动资产、负债）的填写

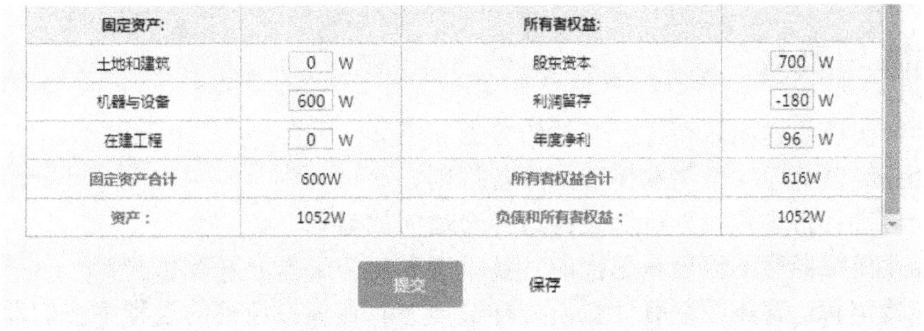

固定资产:		所有者权益:	
土地和建筑	0 W	股东资本	700 W
机器与设备	600 W	利润留存	-180 W
在建工程	0 W	年度净利	96 W
固定资产合计	600W	所有者权益合计	616W
资产：	1052W	负债和所有者权益：	1052W

提交　保存

图 2-117　资产负债表（固定资产、所有者权益）的填写

 **项目小结**

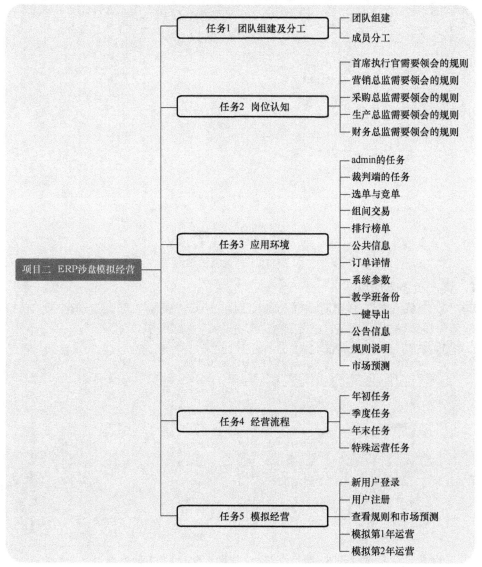

 问题与思考

1．如何快速组建团队和进行有效的分工？
2．企业经营管理人员要掌握哪些经营规则？
3．如何进行市场预测分析？怎样选择合适的战略？
4．企业模拟经营的流程是怎样的？各季度和年初工作分别有哪些？
5．起始年和运营年经营有什么不一样的地方？在模拟经营的过程中我们需要注意哪些问题？

项目三
ERP 沙盘人机对抗

项目综述

人机对抗通过教师给受训者分配账号，自行与计算机进行对抗训练，可以让受训者快速熟悉企业模拟经营的流程和操作技巧，并成功过渡到人人实战对抗。本项目主要介绍人机系统的优势、系统安装、使用和人机模拟对抗，该项目在本课程的学习中起到承上启下的作用。

学习目标

- 了解人机对抗的特点。
- 掌握人机系统的安装。
- 掌握人机系统的使用。
- 熟悉人机系统的经营流程。

重点与难点

人机系统初始化、裁判端操作、人机对抗。

任务1　人机系统介绍

人机对抗模式是一种基于决策云平台、大数据支持的新型人工智能模式，与传统教学模式和教学工具完全兼容，既可以配合使用，也可以独立使用。由教师（裁判）给每一个学员分配账号，学员运用所分配的账号进行自我训练。人机系统的操作界面如图3-1和图3-2所示。

人机系统是ERP电子沙盘中一种独特的对抗模式，其操作界面与人人对抗系统基本无异。人机系统不仅仅兼具了人人对抗系统的模式及优点，它还具有以下特点。

1. 容易组织，工作量小

传统形式沙盘需要集中授课，ERP沙盘模拟选单、竞单都需要全部学生参与并集中进行，对于老师的工作量也大。教师不仅要讲授基础知识、解释相关规则，还要解决每组在经营过程中遇到的各种问题。人机系统学生兼具裁判和学生两种角色，容易组织，同时也可以减轻老师的工作量，教师可根据学生在经营过程中遇到的实际问题进行有针对性的指导。

图 3-1 人机系统裁判端

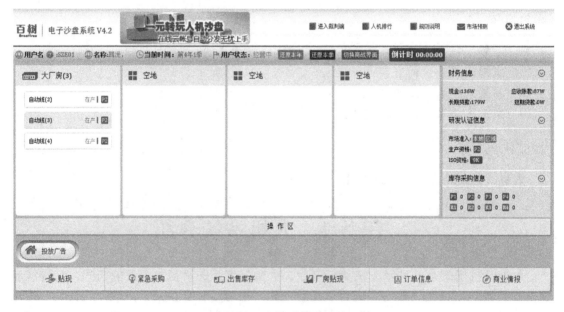

图 3-2 人机系统学生端

2．突破限制，反复练习

ERP 沙盘模拟也称企业经营模拟，是一种全新的在模拟中学习的体验式学习方式，如果学生不能进行反复的练习，教学效果必将大打折扣。人机系统无须服务器，只要学生能上网，就能自我进行反复练习。

人机对抗系统，随时开通随时练习，不用装软件，不用架服务器，突破空间限制，同时也突破时间限制。在课后时间，学生只要在联网的设备上，甚至在手机、平板电脑等移动设备上，都可以进行操作练习。

3. 多种方案，阶梯进步

人机对抗分为练习和挑战两种模式，不同模式的难易程度也不同。在方案的选择上更加丰富，有入门、中级、高级、校赛、市赛、省赛、国赛等各种对抗方案。机器人队数、规则、订单均可自由设定。

任务2　人机系统安装

一、关注公众号

1）打开手机微信，点击右上角"+"，点击"扫一扫"，扫描如图 3-3 所示的二维码，或微信搜索"百树电子沙盘"，关注百树电子沙盘公众号。

2）扫描二维码后，点击"关注"进入公众号，再点击右下角的"用户中心"，如图 3-4 所示。

图 3-3　二维码

图 3-4　公众号首页

二、购买云账号

1）进入"用户中心"，点击"云账号购买"，如图 3-5 所示，选择"产品服务：人机对抗（1 元/小时）"，如图 3-6 所示。

2）产品服务选择"人机对抗"，时间输入"202 小时"，优惠码输入"66102"或"EED87"（仅限首次使用，今后若想继续使用，请联系作者），实际支付 1 元即可，具体如图 3-7 所示。

3）支付完成后，自动跳转至云账号列表，可查看账户、密码以及云服务网址，如图 3-8 所示，也可在公众号-用户中心-云账号列表中点击查看，如图 3-9 所示。

图 3-5　用户中心　　　图 3-6　云账号购买　　　图 3-7　产品服务选择

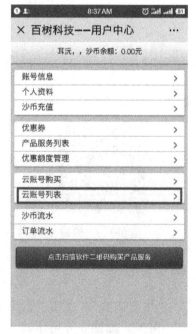

图 3-8　支付完成　　　　　图 3-9　查看云账号列表

三、登录云账号

1）学生操作的计算机要先进行联网。

2）打开 360 浏览器（极速模式），在地址栏输入网址：n3.135e.com，进入人机系统登录界面，输入云账号列表中的用户名和密码，如图 3-10 所示。

图 3-10 登录云账号

任务 3 人机系统使用

人机对抗系统只需通过网站，输入账号密码即可登录，使用简单。但是对于初学者可能会遇到一些问题，为了方便初学者快速入门，我们对在人机系统使用过程中可能遇到的问题，做了以下整理。

一、人机系统如何初始化

用购买的账号登录后，裁判端界面上的按钮基本上与人人对抗模式无异，可以进行查看规则、市场预测以及退出系统等操作。人机对抗分为练习和挑战两种子模式，练习模式可以进行备份数据、修改参数、还原(当年+当季)、注资等操作，学员可以反复练习，边练习边学习知识库；挑战模式不可以进行备份数据、修改参数、还原、注资等操作。学员完成一轮经营的时间一般为 6 年。

在裁判端界面，点击"初始化"，选择类型、类别及模式，并且选择对应的训练方案。类型分为创业者和商战两种。类别为练习、校赛、省赛等，模式有练习和挑战两种。订单、规则、队伍数、参数、经营年限等所有因素加在一起构成方案，如图 3-11 和图 3-12 所示。

在这里我们选择类型为"商战"、类别为"练习"、对抗方案为"赵砚 3"、模式为"练习"（也可以自行选择其他方案进行训练）。选择完成后，点击"确定"，即完成初始化。

图 3-11　裁判端界面

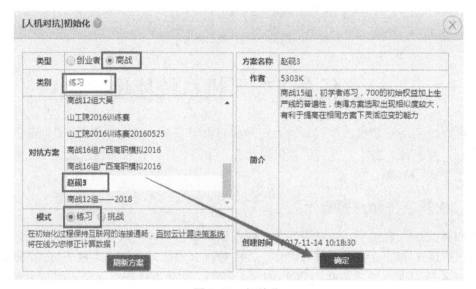

图 3-12　初始化

二、人机系统如何操作和还原

人机系统兼具裁判和学生两种角色，通过右上角的按钮可以随时进入裁判端，同理也可以在裁判端随时切换进入学生端，学生在学生端界面即可进行相关操作，如图 3-13 所示。

学生在练习中如有操作失误，可以切换至裁判端，点击"用户组号"，再点击下方的"还原本年""还原本季"，即可进行还原操作，如图 3-14 所示。

裁判端用户信息只显示一队，即人队，机器队不显示在裁判端界面上。

项目三 ERP沙盘人机对抗

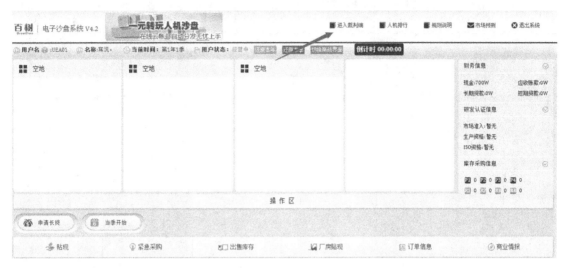

图 3-13 学生端界面

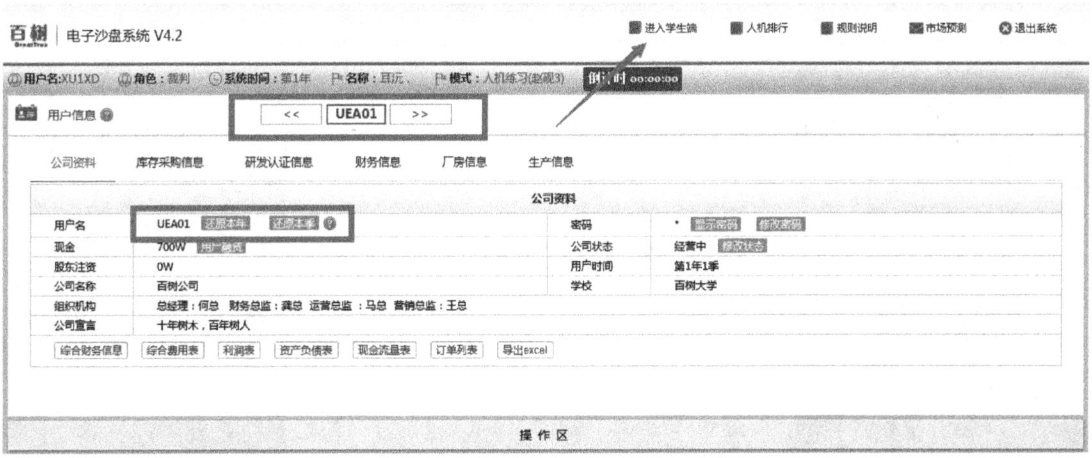

图 3-14 用户信息

三、人机系统如何选单和竞单

人机对抗没有巡盘，即在本年结束并填写完成报表后，直接根据自己小组的情况投放广告。

广告投放结束后，切换到裁判端，点击"选单管理""开始选单"，如图 3-15 所示。

裁判端开好单后，需立即切换回学生端，开始参加订货会选单。

在选单结束后，学生端出现参加竞单会，即表明本年需要竞单。同理切换到裁判端，点击"竞单管理""开始竞单"，如图 3-16 所示。

裁判端开好竞单后，需立即切换回学生端，开始参加竞单会竞单。

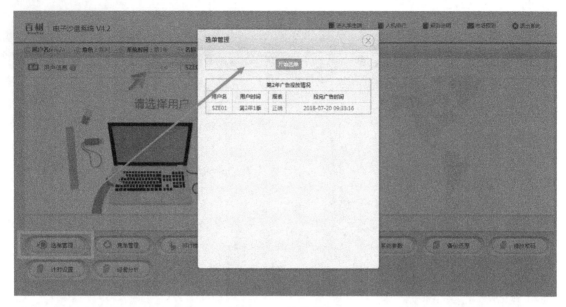

图 3-15 选单管理

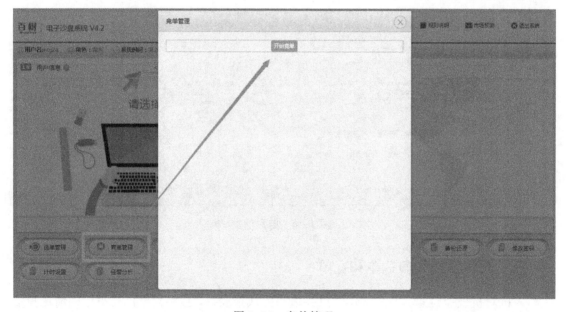

图 3-16 竞单管理

四、人机系统如何查看成绩

人机系统查看成绩在裁判端"排行榜单",操作步骤与人人系统操作无异。排行榜单中可查看全部队伍的分数,如图 3-17 所示。

机器队没有其他信息,只能看到分数,机器队的名称为"人工智能"。

项目三 ERP 沙盘人机对抗

用户名	用户时间	公司名称	学校名称	得分
SZE01	第2年1季	百树公司	百树大学	660
SZE02	第2年1季	百树科技	人工智能	1049
SZE03	第2年1季	百树科技	人工智能	714
SZE04	第2年1季	百树科技	人工智能	752
SZE05	第2年1季	百树科技	人工智能	505
SZE06	第2年1季	百树科技	人工智能	849
SZE07	第2年1季	百树科技	人工智能	829
SZE08	第2年1季	百树科技	人工智能	570
SZE09	第2年1季	百树科技	人工智能	529
SZE10	第2年1季	百树科技	人工智能	1011
SZE11	第2年1季	百树科技	人工智能	906
SZE12	第2年1季	百树科技	人工智能	569
SZE13	第2年1季	百树科技	人工智能	767
SZE14	第2年1季	百树科技	人工智能	877
SZE15	第2年1季	百树科技	人工智能	566

图 3-17 排行榜单

任务 4 人机对抗

当今社会,商业竞争如此激烈,所谓"商场如战场",对此,我们需要挑战功能强大的机器队,进行人机对抗训练,机器队通过系统程序熟知我们的所有信息,而我们只有不断地努力练习,才能超越机器队并战胜它。我们已熟悉了人机系统的特点、安装、操作注意事项等内容,让我们通过 6 年的经营战胜机器队吧!(见表 3-1~表 3-23)

表 3-1 第 1 年现金流量表 (单位:万元)

行次	项目	第1季度	第2季度	第3季度	第4季度
1	年初现金				
2	广告投放				
3	支付上年应交税				
4	支付长贷利息				
5	长期贷款还款				
6	申请长期贷款				
7	贴现金额(随时进行)				
8	贴现费用(随时进行)				
9	季初盘点(请填余额)				
10	短期贷款还本				
11	支付短期贷款利息				

（续）

行次	项　目	第1季度	第2季度	第3季度	第4季度
12	申请短期贷款				
13	原材料入库				
14	购买厂房				
15	租用厂房				
16	新建/在建生产线				
17	生产线转产				
18	变卖生产线				
19	紧急采购（随时进行）				
20	开始生产下一批				
21	季中盘点（请填余额）				
22	应收款到期				
23	订单交货（0账期）				
24	厂房处理				
25	产品研发投资				
26	出售库存（随时进行）				
27	厂房贴现（随时进行）				
28	厂房续租				
29	支付管理费				
30	新市场开拓				
31	ISO资格认证				
32	缴纳违约订单罚款				
33	支付设备维护费				
34	季末现金				

表3-2　材料采购表

年份	季度	生产计划					采购计划				人工费（万元）	材料费（万元）
		P1（个）	P2（个）	P3（个）	P4（个）	P5（个）	R1（个）	R2（个）	R3（个）	R4（个）		
第1年	1											
	2											
	3											
	4											
第2年	1											
	2											
	3											
	4											

表 3-3　第 1 年财务报表　　　　　　　　　　　　　　（单位：万元）

综合费用表	
项目	金额
管理费	
广告费	
设备维护费	
转产费	
租金	
市场准入开拓	
产品研发	
ISO 认证资格	
信息费	
其他	
合计	

利润表	
项目	金额
销售收入	
直接成本	
毛利	
综合管理费用	
折旧前利润	
折旧	
支付利息前利润	
财务费用	
税前利润	
所得税	
净利润	

资产负债表			
项目	金额	项目	金额
现金		长期负债	
应收款		短期负债	
在制品		应交税金	
产成品		—	
原材料		—	
流动资产合计		负债合计	
土地和建筑		股东资本	
机器与设备		利润留存	
在建工程		年度净利	
固定资产合计		所有者权益合计	
资产总计		负债和所有者权益总计	

表 3-4　第 2 年现金流量表　　　　　　　　　　　　（单位：万元）

行次	项目	第1季度	第2季度	第3季度	第4季度
1	年初现金				
2	广告投放				
3	支付上年应交税				
4	支付长贷利息				
5	长期贷款还款				
6	申请长期贷款				
7	贴现金额（随时进行）				
8	贴现费用（随时进行）				
9	季初盘点（请填余额）				
10	短期贷款还本				
11	支付短期贷款利息				
12	申请短期贷款				
13	原材料入库				
14	购买厂房				
15	租用厂房				
16	新建/在建生产线				
17	生产线转产				
18	变卖生产线				
19	紧急采购（随时进行）				
20	开始生产下一批				
21	季中盘点（请填余额）				
22	应收款到期				
23	订单交货（0账期）				
24	厂房处理				
25	产品研发投资				
26	出售库存（随时进行）				
27	厂房贴现（随时进行）				
28	厂房续租				
29	支付管理费				
30	新市场开拓				
31	ISO 资格认证				
32	缴纳违约订单罚款				
33	支付设备维护费				
34	季末现金				

表 3-5 材料采购表

年份	季度	生产计划					采购计划					
		P1（个）	P2（个）	P3（个）	P4（个）	P5（个）	R1（个）	R2（个）	R3（个）	R4（个）	人工费（万元）	材料费（万元）
第2年	1											
	2											
	3											
	4											
第3年	1											
	2											
	3											
	4											

表 3-6 订单交货表

产品	数量（个）	金额（万元）	交货期（季）	账期（季）	交货时间（季）	应收到期（季）

注：应收到期=账期+交货时间，填入现金预算表第 22 行。

表 3-7　第 2 年财务报表　　　　　　　　　　（单位：万元）

综合费用表	
项　目	金　额
管理费	
广告费	
设备维护费	
转产费	
租金	
市场准入开拓	
产品研发	
ISO 认证资格	
信息费	
其他	
合计	

利润表	
项　目	金　额
销售收入	
直接成本	
毛利	
综合管理费用	
折旧前利润	
折旧	
支付利息前利润	
财务费用	
税前利润	
所得税	
净利润	

资产负债表			
项　目	金　额	项　目	金　额
现金		长期负债	
应收款		短期负债	
在制品		应交税金	
产成品		—	—
原材料		—	—
流动资产合计		负债合计	
土地和建筑		股东资本	
机器与设备		利润留存	
在建工程		年度净利	
固定资产合计		所有者权益合计	
资产总计		负债和所有者权益总计	

表 3-8　第 3 年现金流量表　　　　　　　　　　　　　　（单位：万元）

行次	项　　目	第 1 季度	第 2 季度	第 3 季度	第 4 季度
1	年初现金				
2	广告投放				
3	支付上年应交税				
4	支付长贷利息				
5	长期贷款还款				
6	申请长期贷款				
7	贴现金额（随时进行）				
8	贴现费用（随时进行）				
9	季初盘点（请填余额）				
10	短期贷款还本				
11	支付短期贷款利息				
12	申请短期贷款				
13	原材料入库				
14	购买厂房				
15	租用厂房				
16	新建/在建生产线				
17	生产线转产				
18	变卖生产线				
19	紧急采购（随时进行）				
20	开始生产下一批				
21	季中盘点（请填余额）				
22	应收款到期				
23	订单交货（0 账期）				
24	厂房处理				
25	产品研发投资				
26	出售库存（随时进行）				
27	厂房贴现（随时进行）				
28	厂房续租				
29	支付管理费				
30	新市场开拓				
31	ISO 资格认证				
32	缴纳违约订单罚款				
33	支付设备维护费				
34	季末现金				

表 3-9 材料采购表

年份	季度	生产计划					采购计划				人工费（万元）	材料费（万元）
		P1（个）	P2（个）	P3（个）	P4（个）	P5（个）	R1（个）	R2（个）	R3（个）	R4（个）		
第3年	1											
	2											
	3											
	4											
第4年	1											
	2											
	3											
	4											

表 3-10 订单交货表

产品	数量（个）	金额（万元）	交货期（季）	账期（季）	交货时间（季）	应收到期（季）

注：应收到期=账期+交货时间，填入现金预算表第 22 行。

表 3-11　第 3 年财务报表　　　　　　　　　　　　　　　（单位：万元）

综合费用表	
项　　目	金　　额
管理费	
广告费	
设备维护费	
转产费	
租金	
市场准入开拓	
产品研发	
ISO 认证资格	
信息费	
其他	
合计	

利润表	
项　　目	金　　额
销售收入	
直接成本	
毛利	
综合管理费用	
折旧前利润	
折旧	
支付利息前利润	
财务费用	
税前利润	
所得税	
净利润	

资产负债表			
项　目	金　额	项　目	金　额
现金		长期负债	
应收款		短期负债	
在制品		应交税金	
产成品		—	—
原材料		—	—
流动资产合计		负债合计	
土地和建筑		股东资本	
机器与设备		利润留存	
在建工程		年度净利	
固定资产合计		所有者权益合计	
资产总计		负债和所有者权益总计	

表 3-12　第 4 年现金流量表　　　　　　　　　　　　（单位：万元）

行次	项目	第1季度	第2季度	第3季度	第4季度
1	年初现金				
2	广告投放				
3	支付上年应交税				
4	支付长贷利息				
5	长期贷款还款				
6	申请长期贷款				
7	贴现金额（随时进行）				
8	贴现费用（随时进行）				
9	季初盘点（请填余额）				
10	短期贷款还本				
11	支付短期贷款利息				
12	申请短期贷款				
13	原材料入库				
14	购买厂房				
15	租用厂房				
16	新建/在建生产线				
17	生产线转产				
18	变卖生产线				
19	紧急采购（随时进行）				
20	开始生产下一批				
21	季中盘点（请填余额）				
22	应收款到期				
23	订单交货（0 账期）				
24	厂房处理				
25	产品研发投资				
26	出售库存（随时进行）				
27	厂房贴现（随时进行）				
28	厂房续租				
29	支付管理费				
30	新市场开拓				
31	ISO 资格认证				
32	缴纳违约订单罚款				
33	支付设备维护费				
34	季末现金				

表 3-13 材料采购表

年份	季度	生产计划					采购计划				人工费（万元）	材料费（万元）
		P1（个）	P2（个）	P3（个）	P4（个）	P5（个）	R1（个）	R2（个）	R3（个）	R4（个）		
第4年	1											
	2											
	3											
	4											
第5年	1											
	2											
	3											
	4											

表 3-14 订单交货表

产品	数量（个）	金额（万元）	交货期（季）	账期（季）	交货时间（季）	应收到期（季）

注：应收到期=账期+交货时间，填入现金预算表第22行。

表 3-15　第 4 年财务报表　　　　　　　　　　　　（单位：万元）

综合费用表	
项　目	金　额
管理费	
广告费	
设备维护费	
转产费	
租金	
市场准入开拓	
产品研发	
ISO 认证资格	
信息费	
其他	
合计	

利润表	
项　目	金　额
销售收入	
直接成本	
毛利	
综合管理费用	
折旧前利润	
折旧	
支付利息前利润	
财务费用	
税前利润	
所得税	
净利润	

资产负债表			
项　目	金　额	项　目	金　额
现金		长期负债	
应收款		短期负债	
在制品		应交税金	
产成品		—	—
原材料		—	—
流动资产合计		负债合计	
土地和建筑		股东资本	
机器与设备		利润留存	
在建工程		年度净利	
固定资产合计		所有者权益合计	
资产总计		负债和所有者权益总计	

表 3-16　第 5 年现金流量表　　　　　　　　　　　（单位：万元）

行次	项目	第1季度	第2季度	第3季度	第4季度
1	年初现金				
2	广告投放				
3	支付上年应交税				
4	支付长贷利息				
5	长期贷款还款				
6	申请长期贷款				
7	贴现金额（随时进行）				
8	贴现费用（随时进行）				
9	季初盘点（请填余额）				
10	短期贷款还本				
11	支付短期贷款利息				
12	申请短期贷款				
13	原材料入库				
14	购买厂房				
15	租用厂房				
16	新建/在建生产线				
17	生产线转产				
18	变卖生产线				
19	紧急采购（随时进行）				
20	开始生产下一批				
21	季中盘点（请填余额）				
22	应收款到期				
23	订单交货（0账期）				
24	厂房处理				
25	产品研发投资				
26	出售库存（随时进行）				
27	厂房贴现（随时进行）				
28	厂房续租				
29	支付管理费				
30	新市场开拓				
31	ISO 资格认证				
32	缴纳违约订单罚款				
33	支付设备维护费				
34	季末现金				

表 3-17 材料采购表

年份	季度	生 产 计 划					采 购 计 划				人工费 (万元)	材料费 (万元)
		P1 (个)	P2 (个)	P3 (个)	P4 (个)	P5 (个)	R1 (个)	R2 (个)	R3 (个)	R4 (个)		
第5年	1											
	2											
	3											
	4											
第6年	1											
	2											
	3											
	4											

表 3-18 订单交货表

产 品	数量(个)	金额(万元)	交货期(季)	账期(季)	交货时间(季)	应收到期(季)

注：应收到期=账期+交货时间，填入现金预算表第 22 行。

表 3-19　第 5 年财务报表　　　　　　　　　　　　　　（单位：万元）

综合费用表	
项　目	金　额
管理费	
广告费	
设备维护费	
转产费	
租金	
市场准入开拓	
产品研发	
ISO 认证资格	
信息费	
其他	
合计	

利润表	
项　目	金　额
销售收入	
直接成本	
毛利	
综合管理费用	
折旧前利润	
折旧	
支付利息前利润	
财务费用	
税前利润	
所得税	
净利润	

资产负债表			
项　目	金　额	项　目	金　额
现金		长期负债	
应收款		短期负债	
在制品		应交税金	
产成品		—	—
原材料		—	—
流动资产合计		负债合计	
土地和建筑		股东资本	
机器与设备		利润留存	
在建工程		年度净利	
固定资产合计		所有者权益合计	
资产总计		负债和所有者权益总计	

表 3-20　第 6 年现金流量表　　　　　　　　　　　　　　　（单位：万元）

行次	项目	第1季度	第2季度	第3季度	第4季度
1	年初现金				
2	广告投放				
3	支付上年应交税				
4	支付长贷利息				
5	长期贷款还款				
6	申请长期贷款				
7	贴现金额（随时进行）				
8	贴现费用（随时进行）				
9	季初盘点（请填余额）				
10	短期贷款还本				
11	支付短期贷款利息				
12	申请短期贷款				
13	原材料入库				
14	购买厂房				
15	租用厂房				
16	新建/在建生产线				
17	生产线转产				
18	变卖生产线				
19	紧急采购（随时进行）				
20	开始生产下一批				
21	季中盘点（请填余额）				
22	应收款到期				
23	订单交货（0账期）				
24	厂房处理				
25	产品研发投资				
26	出售库存（随时进行）				
27	厂房贴现（随时进行）				
28	厂房续租				
29	支付管理费				
30	新市场开拓				
31	ISO 资格认证				
32	缴纳违约订单罚款				
33	支付设备维护费				
34	季末现金				

表 3-21 材料采购表

年份	季度	生产计划					采购计划				人工费（万元）	材料费（万元）
		P1（个）	P2（个）	P3（个）	P4（个）	P5（个）	R1（个）	R2（个）	R3（个）	R4（个）		
第5年	1											
	2											
	3											
	4											
第6年	1											
	2											
	3											
	4											

表 3-22 订单交货表

产品	数量（个）	金额（万元）	交货期（季）	账期（季）	交货时间（季）	应收到期（季）

注：应收到期=账期+交货时间，填入现金预算表第22行。

表 3-23　第 6 年财务报表　　　　　　　　　　（单位：万元）

综合费用表

项目	金额
管理费	
广告费	
设备维护费	
转产费	
租金	
市场准入开拓	
产品研发	
ISO 认证资格	
信息费	
其他	
合计	

利润表

项目	金额
销售收入	
直接成本	
毛利	
综合管理费用	
折旧前利润	
折旧	
支付利息前利润	
财务费用	
税前利润	
所得税	
净利润	

资产负债表

项目	金额	项目	金额
现金		长期负债	
应收款		短期负债	
在制品		应交税金	
产成品		—	—
原材料		—	—
流动资产合计		负债合计	
土地和建筑		股东资本	
机器与设备		利润留存	
在建工程		年度净利	
固定资产合计		所有者权益合计	
资产总计		负债和所有者权益总计	

 **项目小结**

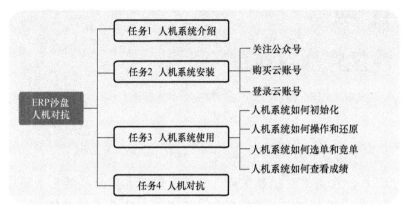

 问题与思考

1. 人机对抗和传统的电子沙盘有什么不一样的地方？
2. 人机对抗模式和人人对抗模式的异同？
3. 人机对抗中不知道机器队信息，如何查问企业信息？广告又如何投放呢？
4. 人机对抗中，战胜机器队是否可能？如果可能，有哪些技巧呢？
5. 人机对抗中是选低端产品好？还是高端产品好？还是有其他方法？

项目四
ERP 沙盘实战对抗

项目综述

通过创建 ERP 沙盘实战对抗教学班,让学生们在真实的市场竞争环境中进一步掌握 ERP 沙盘模拟的流程和技巧,并能顺利地完成 6 年的企业模拟经营。本项目主要介绍 ERP 沙盘的系统初始化、规则解读、详单分析、方案设计和实战对抗,该项目可使本课程得到升华。

学习目标

- 熟练掌握系统初始化的操作。
- 学会剖析 ERP 沙盘模拟的比赛规则。
- 掌握比赛详单分析的方法。
- 能够熟练设计和制订比赛方案。
- 能够独立完成 ERP 沙盘模拟实战对抗。

重点与难点

系统初始化、规则解读、详单分析、方案设计、实战对抗。

任务 1 系统初始化

一、admin 的任务

1)admin 身份重新登录系统,删除已有的教学班,重新创建实战对抗教学班,如图 4-1 所示。

2)点击"权限管理",将重新创建的实战对抗教学班授权给"教师:C",具体权限分配如图 4-2 所示。

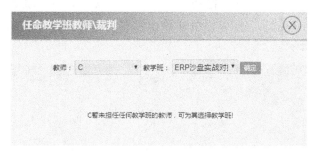

图 4-1　创建教学班　　　　　　　　图 4-2　任命教学班教师\裁判

二、教师端的任务

1）用教师账号"C"登录系统，上传实战对抗的规则和订单，如图 4-3 所示。

图 4-3　订单和规则的方案上传

2）进行教学班初始化，设置比赛队伍数、选择实战对抗的规则和订单以及设置相关参数，如图 4-4 所示。

图 4-4　教学班初始化

3）进行教学班管理。在用户信息区可以查看用户信息，包括公司资料、库存采购信息、研发认证信息、财务信息、厂房信息和生产信息。除此之外，还可以查看用户数据，包括综合财务信息、综合费用表、利润表、资产负债表、现金流量表和订单列表，以及导出 Excel 数据。在操作区可以控制选单管理、竞单管理和组间交易，可以查看排行榜单、公共信息、订单详情和系统参数。还可以进行教学班备份和一键导出数据。具体如图 4-5 所示。

图 4-5　教学班管理

任务 2　规则解读

一、生产线（见表 4-1）

表 4-1　生产线规划

名称	投资总额（万元）	每季投资额（万元）	安装周期（季）	生产周期（季）	总转产费用（万元）	转产周期（季）	维修费（万元/年）	残值（万元）	折旧费（万元）	折旧时间（年）	分值
超级手工线	35	35	0	2	0	0	5	5	10	3	5
自动线	150	50	3	1	20	1	20	40	30	4	8
柔性线	200	50	4	1	0	0	20	40	40	4	10

规则解读：

1．生产线的安装时间

由于生产线安装完成的当年需要计提维修费，且于安装完成的第 2 年开始计提折旧，所以为了节约维修费和折旧费用，会根据生产线的安装周期来调整安装时间。如表 4-1 中，自动线的安装周期为 3 季，那么一般情况下自动线的安装时间为每年的第 2 季度，这样自动线刚好在下一年的第 1 季度安装完成,避免安装当年就需要交维修费;同理,柔性线的安装时间一般为每年的第 1 季度;超级手工线一般为第 1 年的第 3 季度,以及之后每年的第 1 季度。

2．生产线的选择

实战过程中倾向于自动线和柔性线,若营销能确定产品的市场销量,选自动线比较合适,如无法确定,灵活性大的柔性线更合适。

生产线铺设与产品销售结合,哪种产品销量大就铺设生产该类产品的生产线。

柔性线和超级手工线可以考虑转产,但自动线一般情况下不考虑转产,因为其既耗费时间又耗费资金。一般情况下柔性线和自动线不考虑变卖,除非经营失误。超级手工线在考虑转换成柔性线和自动线时,可选择变卖。一般在最后一年才考虑变卖生产线。

二、融资(见表 4-2)

表 4-2 融资规则

贷款类型	贷款时间	贷款额度	年息(%)	还款方式	备注
长期贷款	每年年初	所有长短贷之和不超过上年权益 3 倍	10	年初付息,到期还本	不小于 10 万元
短期贷款	每季度初		5	到期一次还本付息	
资金贴现	任何时间	视应收款额而定	1 季,2 季:10 3 季,4 季:12.5	变现时贴息	贴现各账期分开核算,分开计息
库存拍卖		100%(产品)80%(原料)			

规则解读:

1．贷款利息的控制

总额的控制

若初始资金(股东资本)为 650 万元,那么所有长、短贷之和为 650×3=1950(万元)。

长期贷款的控制

如借 100 万元长期贷款,根据表 4-2,长期贷款利率为 10%,则年息为 100×10%=10(万元)。如借 104 万元长期贷款,年息为 104×10%=10.4(万元)≈10(万元)。

由于长期贷款的利息是按长期贷款总额计算的,所以第一次长期贷款的借款应为 10 的倍数加 4,之后在此基础上长期贷款的借款应为 10 的倍数。

短期贷款的控制

根据表 4-2,短期贷款的利率为 5%,如借 20 万元短期贷款,年息为 20×5%=1(万元)。如借 29 万元短期贷款,年息为 29×5.0%=1.45(万元)≈1(万元)。所以短期贷款的借款应为 20 的倍数加 9。

贴现和库存拍卖

资金不足时,还可以通过资金贴现和库存拍卖来缓解资金压力。第 1 季度、第 2 季度的贴息为 10%,贴现金额为 1÷10%=10(万元),所以第 1 季度、第 2 季度的贴现金额为 10 的倍数。第 3 季度、第 4 季度贴息为 12.5%,贴现金额为 1÷12.5%=8(万元),所以第 1 季度、第 2 季度的贴现金额为 8 的倍数。

以上规则的总结均基于表 4-2 中的融资规则,若规则不同,则需进行灵活变更。

2. 贷款方案的选择

尽量避免长期贷款，因为长期贷款利率要高于短期贷款利率，尽量多的使用短期贷款筹集资金，可以有效减少财务费用，保证企业权益不下降，借款方向可以逐季增加。

充分利用长期贷款还款压力小的特点，前期利用大量的资金扩充产能，快速控制市场和产品，吸收利润，借款方向可以逐季减少，通过高利润转化成长期贷款。以贷养贷风险高，需要精准预算，不然资金链一旦断裂将导致企业破产。

在现金流不足的时候可以进行资金贴现和拍卖库存。

三、厂房（见表 4-3）

表 4-3　厂房规划

名　称	购买价格（万元）	租金（万元/年）	出售价格（万元）	容　量	分　值
大厂房	400	40	400	4	10
中厂房	300	30	300	3	7
小厂房	180	18	180	2	5

规则解读：

根据不同类型的厂房，分摊到每条生产线的租金也不同，大、中、小厂房的租金分别为 10 万元/条，10 万元/条，9 万元/条，以此为据，看似小厂房最合算。但小厂房将限制企业的规模，根据厂房数上限为 4 的规则，最多只能建 8 条生产线。若建成 4 个大厂房，最多可以容纳 16 条生产线，4 个大厂房比 4 个小厂房多付租金 88 万元，只要市场空闲，就可以回本。

如果市场比较拥挤，资金充裕，适合买厂房；如果市场比较宽松，资金不受影响，适合租厂房。一般都选择大厂房。

四、市场开拓（见表 4-4）

表 4-4　市场开拓规则

名　称	开发费（万元/年）	开发时间（年）	分　值
本地	10	1	6
区域	10	1	7
国内	10	2	8
亚洲	10	3	9
国际	10	4	10

规则解读：

根据市场开拓规则，每一个市场开拓的成本不同，虽然开发费会影响权益，从而减少贷款的额度，使得资金流变得紧张。但是开拓市场，可以扩大市场需求量，从而适当增加自身产能，获得更好的利润。一般情况下，每一个市场都会选择开拓。如果在某一个市场没有被选择的产品的订单，可以考虑延迟开拓。

五、ISO 资格认证规则（见表 4-5）

表 4-5　ISO 资格认证规则

名　称	开发费（万元/年）	开发时间（年）	分　值
ISO9000	10	2	10
ISO14000	15	2	10

规则解读：

根据 ISO 资格认证，每一项 ISO 资格的开发可以让你获取相应的需要 ISO 资格的订单。一般情况下，每一项 ISO 资格都会选择认证。如果选择的产品订单没有要求 ISO 资格认证，可以考虑延迟认证。

六、产品研发规则（见表 4-6）

表 4-6　产品研发规则

名　称	开发费（万元/季）	开发时间（季）	加工费（万元）	直接成本（万元）	分值/分	产品组成
P1	10	2	10	20	10	R1×1
P2	10	3	10	30	10	R2×1、R3×1
P3	10	4	10	40	10	R1×1、R3×1、R4×1
P4	10	5	10	50	10	P1×1、R1×1、R3×1
P5	10	5	10	60	10	P2×1、R2×1、R4×1

规则解读：

在模拟经营过程中，有的企业一上来还没考虑建生产线，就先研发产品，结果产品研发完成了，可生产线还没建成，导致无法正常生产；或者生产线建好了，但产品研发还没完成，导致生产线白白停工。产品研发要注意开发时间，可以在即将要生产的前一季度开发完成。

七、原料设置（见表 4-7）

表 4-7　原料设置规则

名　称	购买单价（万元）	提前期（季）
R1	10	1
R2	10	1
R3	10	2
R4	10	2

规则解读：

原材料的计算、采购计划排产是 MRP（物资需求计划）的核心内容之一，也是影响一个企业资金周转率的重要因素。根据产品结构各层次物品的从属和数量关系，以每个物品为计划对象，以完工时期为时间基准倒排计划，按提前期长短区别各个物品下达计划时间的先后顺序，是一种工业制造企业内物资计划管理模式。为什么要推崇"零库存"管理？因为资金是有时间成本的。订购原材料时需注意产品组成，可以提前下料或多下料，千万注意不要少下料或错下料。

八、其他说明

1）紧急采购，付款即到货，原材料价格为直接成本的 2 倍；成品价格为直接成本的 3 倍。

2）选单规则：上年本市场销售额最高（无违约）优先；其次看本市场本产品广告额；再次看本市场广告总额；最后看市场销售排名。如仍无法决定，先投广告者先选单。

3）破产标准：现金断流或权益为负。

4）第一年无订单。

5）交单可提前，不可推后，违约收回订单。

6）违约金扣除——四舍五入；库存拍卖所得现金——向下取整；贴现费用——向上取整；扣税——四舍五入；长短贷利息——四舍五入。

7）库存折价拍卖，生产线变卖，紧急采购，订单违约记入损失。

8）排行榜记分标准：总成绩=所有者权益×（1+企业综合发展潜力/100）。企业综合发展潜力=市场资格分值+ISO 资格分值+生产资格分值+厂房分值+各条生产线分值，生产线建成（包括转产）即加分，无须生产出产品，也无须有在制品。

规则解读：

其他说明中，最为重要的当然是排行榜的记分标准。我们可以在上文的公式中看到企业综合发展潜力等于各项分值的和。它是计算分数的一个系数，说明各个加分项也尤为重要。因此我们会在比赛的最后一年，在资金充足的情况下，进行增加分值的操作。例如，①将未研发的产品在第 6 年全部研发完成，若 P4、P5 研发需要 5 季且未进行过研发，则需要从第 5 年第 4 季度开始研发；②前期租用的厂房到第 6 年相应的季度可以进行租转买的操作，如果只需要少量资金的贴现便可换到更多的分值，那也是值得的；③如果仍有空地，可以选择租用或者购买厂房，新建更多的生产线来增加分值。

任务 3　详单分析

详单分析是通过数据透视表计算产品每年的组均、交货期、账期和利润，以折线图或者表格的形式展现在 Excel 表格中，可以较为清晰地观察每年产品组均、交货期、账期和利润的变化趋势，有利于对产品和生产线进行选择。

一、组均分析

1）打开详单，任意选中详单中的一个数据，点击"插入"栏里的"数据透视表"，点击"确定"，如图 4-6 所示。

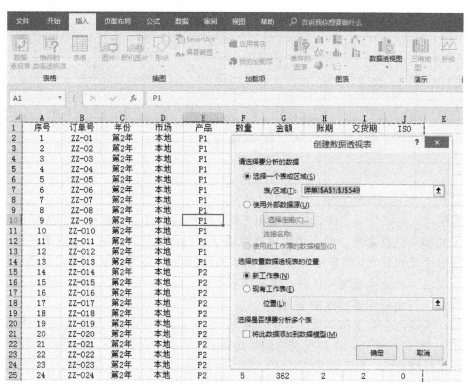

图 4-6　创建数据透视表

2）在"数据透视表字段"中，选择"年份""产品""数量""金额"，将"年份"拖入"列"字段，将"产品"拖入"行"字段，形成左侧 Excel 表中数据，如图 4-7 所示。

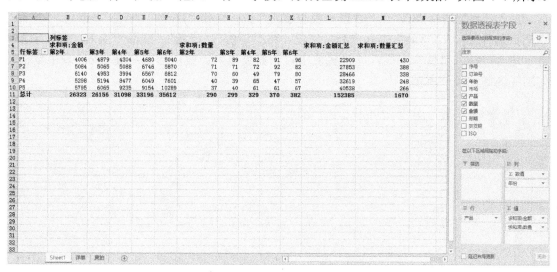

图 4-7　数量和金额数据透视表字段

3）复制、粘贴"数据透视表"中的产品和数量，将每一年所有产品的需求量求和，由于 P4、P5 生产需要 P1、P2 作为原材料，相当于两个产品，所以需求量需要乘 2。根据 15 组的比赛队伍数计算组均（产品总数量除以比赛队伍数量），计算结果见表 4-8。

表 4-8 组均计算表

	第 2 年	第 3 年	第 4 年	第 5 年	第 6 年
P1	72	89	82	91	96
P2	71	71	72	92	82
P3	70	60	49	79	80
P4	40×2	39×2	65×2	47×2	57×2
P5	37×2	40×2	61×2	61×2	67×2
总计	367	378	455	478	506
组均（15组）	24.47	25.20	30.33	31.87	33.73

计算组均，主要是为了确定生产线和产能。组均较大时，意味着产能也较大，一般考虑以自动线和柔性线为主，配合使用租赁线或手工线；组均较小时，意味着产能也较小，一般考虑以手工线为主，配合使用自动线或柔性线。同时，还要考虑组均是呈现递增变化，还是递减变化。当呈现递增变化时，需要逐年扩线，反之，生产线不易扩得太多，应维持一定的数量，甚至要考虑拆线的可能。

例如，本案例中第 2 年、第 3 年的组均达到了 24.47、25.20，而 4 条自动线第 2 年的产能才 12，第 3 年为 16，显然没有达到组均要求，因此一开始建线时，可以考虑 4~6 条自动线或柔性线为主，再配合手工线或租赁线的方案。但是，要注意第 4、第 5、第 6 年三年组均变化不大，组均维持在 30 左右，因此生产线不宜扩张太快和太多。具体需根据实际情况和资金来进行选择。

二、交货期分析

插入"数据透视表"，在"数据透视表字段"中，选择"序号""年份""市场""产品""交货期"，将"交货期"拖入"列"字段，将"年份""市场""产品"拖入"行"字段，将"序号"拖入"值"字段，并设置值字段计算类型为计数，形成左侧 Excel 表中数据，如图 4-8 和图 4-9 所示。

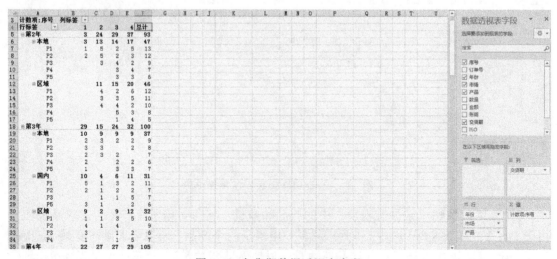

图 4-8 交货期数据透视表字段

图 4-9　值字段设置

根据交货期数据透视表，可以看出交货期分别为 1、2、3、4 时交的订单分别有多少张，如果交货期为 1、3 时交的订单数量较多，那么可以考虑多使用手工线，避免交货期为 4 时的交货压力。

例如，在本案例中，第 4 年和第 6 年的交货期为 4 时交的 P5 产品订单较少，那么尽量避免把过多的自动线定在产品 P5 上，可以用更灵活的柔性线在前两季多生产产品 P5，后两季转到生产其他产品上面。

三、账期分析

插入"数据透视表"，在"数据透视表字段"中，选择"序号""年份""市场""产品""账期"，将"交货期"拖入"列"字段，将"年份""市场""产品"拖入"行"字段，将"序号"拖入"值"字段，并设置值字段计算类型为计数，形成左侧 Excel 表中数据，如图 4-10 所示。

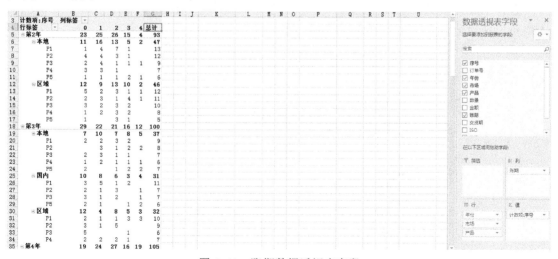

图 4-10　账期数据透视表字段

根据账期数据透视表，可以看出账期为 0、1、2、3、4 账的订单分别有多少张，如果账期为 0 账的订单数量较多，那么可以考虑在该市场中多投放广告，拿到账期为 0 账的订单，减少资金压力。

例如，在本案例中，第 3 年账期为 0 账的 P3 产品订单较多，且在账期为 0 账的订单中交货期为 1 时交的订单较多，那么可以利用手工线多生产交货期为 1 时交的 P3，获得账期为 0 账的同时，大量地减少资金压力，有利于后期的发展。

四、利润分析

插入"数据透视表"，在"数据透视表字段"中，选择"年份""产品""数量""金额"，将"年份"拖入"列"字段，将"产品"拖入"行"字段，形成左侧 Excel 表中数据，如图 4-11 所示。

图 4-11　数据透视表字段

选择"数据透视表工具"，点击"字段、项目和集"中"计算字段"，在"名称"栏输入均价，在"公式"栏输入公式"=金额/数量"，如图 4-12 所示。

图 4-12　插入计算字段

将"均价"复制粘贴到 Excel 工作表中，输入"直接成本"和"2"，见表 4-9。

表 4-9　均价与直接成本

	第 2 年	第 3 年	第 4 年	第 5 年	第 6 年	直接成本
P1	55.64	54.82	52.49	51.43	52.50	20
P2	71.61	71.34	70.67	73.33	71.59	30
P3	87.71	82.55	81.51	83.13	85.15	40
P4	132.45	133.18	130.42	128.70	133.35	50
P5	156.62	151.63	151.39	150.07	153.57	60

复制"直接成本",选中所有"均价",右键点击"选择性粘贴",选择"数值"和"减",点击"确定",如图 4-13 所示。

复制"2",选中 P4、P5"均价",右键点击"选择性粘贴",选择"数值"和"除",点击"确定",如图 4-14 所示。

图 4-13　减去直接成本

图 4-14　高端产品利润减半

注:P1、P2、P3 属于低端产品,利润=均价−直接成本。P4、P5 属于高端产品(需要 P1、P2 作为原料),利润=(均价−直接成本)÷2。

选中所有"年份""产品""利润",点击"插入"中的"二维折线图",形成"利润分析图",如图 4-15 所示。

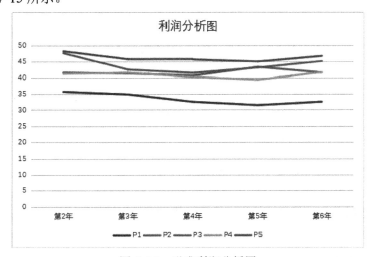
图 4-15　形成利润分析图

五、方案决策

根据对市场预测表——利润分析图表、组均、交货期、账期的分析，可以明显对比出不同产品的利润差异。通过利润、组均、交货期、账期，选择合适的产品和生产线，进行研发、生产和销售，来获得良好的利润。观察利润的变化和市场的空闲程度，来选择进入该产品市场的时机，如图4-16所示。

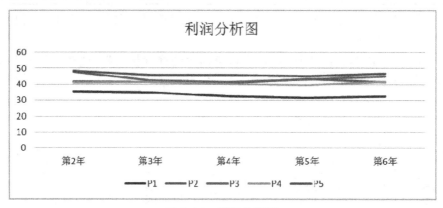

图4-16 利润分析图

通过利润分析图的数据，我们可以做出以下几种方案：

方案一：2自2柔P2、P3。两种利润较好的产品，也不会有P5那么拥挤。

方案二：8手P1、P3。与4条自动线或者柔性线的方案产能相同，且P3利润较高和P1市场较大组合在一起。

方案三：4自P1、P4。P4利润较低但市场比较空闲。

方案四：2自2柔P2、P5。做纯P5利润比较高。

任务4　方案设计

一、2自2柔P2、P3

2自2柔P2、P3的方案攻守兼备，可以选择两条柔性线和P2、P3各一条自动线的策略。

优势：根据产品趋势图，P2、P3均处于利润中间段，在相同产品竞争对手较多的情况下，也可以满足自己的销量。两条柔性线可以保证在巡盘结束后，选择市场较空的产品，作为主力销售。可将广告集中投放于单个产品，节省费用，提高利润。

劣势：在P3利润较高且市场较空的情况下，如果两条柔性线均转为生产P3，会使得P2只有一条线在生产，销售的时候需要考虑交货期。

注意：柔性线可以考虑多下料，更好地运用它的灵活性。但倘若想要有更大的作为，必须再添几分筹码，可在后期研发P5或者选择P1、P4。

下面是2自2柔P2、P3第1年的现金流量表（见表4-10）、材料采购表（见表4-11）和财务报表（见表4-12）。

表 4-10　第 1 年现金流量表　　　　　　　　　　　　（单位：万元）

行次	项目	第1季度	第2季度	第3季度	第4季度
1	年初现金	650			
2	广告投放				
3	支付上年应交税				
4	支付长贷利息				
5	长期贷款还款				
6	申请长期贷款				
7	贴现金额（随时进行）				
8	贴现费用（随时进行）				
9	季初盘点（请填余额）	650	490	260	199
10	短期贷款还本				
11	支付短期贷款利息				
12	申请短期贷款			169	229
13	原材料入库				
14	购买厂房				
15	租用厂房	40			
16	新建/在建生产线	100	200	200	200
17	生产线转产				
18	变卖生产线				
19	紧急采购（随时进行）				
20	开始生产下一批				
21	季中盘点（请填余额）	510	290	229	228
22	应收款到期				
23	订单交货（0账期）				
24	厂房处理				
25	产品研发投资	10	20	20	20
26	出售库存（随时进行）				
27	厂房贴现（随时进行）				
28	厂房续租				
29	支付管理费	10	10	10	10
30	新市场开拓				50
31	ISO 资格认证				25
32	缴纳违约订单罚款				
33	支付设备维护费				
34	季末现金	490	260	199	123

表 4-11 材料采购表

年份	季度	生产计划					采购计划				人工费（万元）	材料费（万元）
		P1（个）	P2（个）	P3（个）	P4（个）	P5（个）	R1（个）	R2（个）	R3（个）	R4（个）		
第1年	1								0	0		
	2						0	0	0	0		
	3						0	0	4	2	0	0
	4						2	2	4	2	0	0
第2年	1		2	2			2	2	4	2	40	100
	2		2	2			2	2	4	2	40	100
	3		2	2			2	2	0	0	40	100
	4		2	2			0	0	0	0	40	100

表 4-12 第 1 年财务报表

（单位：万元）

综合费用表	
项 目	金 额
管理费	40
广告费	0
设备维护费	0
转产费	40
租金	0
市场准入开拓	50
产品研发	25
ISO 认证资格	70
信息费	0
其他	0
合计	225
利润表	
项 目	金 额
销售收入	0
直接成本	0
毛利	0
综合管理费用	225
折旧前利润	−225
折旧	0
支付利息前利润	−225
财务费用	0
税前利润	−225
所得税	0
净利润	−225

(续)

资产负债表				
项目	金额	项目	金额	
现金	123	长期负债	0	
应收款	0	短期负债	398	
在制品	0	应交税金	0	
产成品	0	—		
原材料	0	—		
流动资产合计	123	负债合计	398	
土地和建筑	0	股东资本	650	
机器与设备	0	利润留存	0	
在建工程	0	年度净利	−225	
固定资产合计	700	所有者权益合计	425	
资产总计	823	负债和所有者权益总计	823	

二、8手P1、P3

8手P1、P3的方案前期爆发力强，可以选择8手先做P1后做P3，P3能满足多少需求就生产多少P3。

优势：如果P1研发只需要2个季度，可在第1年第3季度新建8手做P1，在第2年第1季度转8手做P3。根据需求量和交货期，P1的产品需求量较大，可根据自身产能投放最低额广告，达到利润最大化。P3的产品价格相对较高，可以弥补P1利润低的劣势。使用手工线做P1、P3，可以根据抢单来进行生产，P3包含P1的原材料，避免多下料导致资金压力，且1、3期交货，避免抢单时有交货期的压力。

劣势：如果P1研发需要3个季度，那么至少要在第1年第4季度才能新建手工线和生产P1，那么产品的交货期为2、4期交货，这样无法避免交货期的压力，减小了该方案的优势。

注意：尽可能多卖P3获得较多的利润，且在利润迅速上涨的同时，立刻选择扩线、研发，即可锦上添花。

下面是8手P1、P3第1年的现金流量表（见表4-13）、材料采购表（见表4-14）和财务报表（见表4-15）。

表4-13 第1年现金流量表　　　　　　　　　　　（单位：万元）

行次	项目	第1季度	第2季度	第3季度	第4季度
1	年初现金	650			
2	广告投放				
3	支付上年应交税				
4	支付长贷利息				
5	长期贷款还款				
6	申请长期贷款				
7	贴现金额（随时进行）				

（续）

行次	项目	第1季度	第2季度	第3季度	第4季度
8	贴现费用（随时进行）				
9	季初盘点（请填余额）	650	620	590	50
10	短期贷款还本				
11	支付短期贷款利息				
12	申请短期贷款				209
13	原材料入库			80	
14	购买厂房				
15	租用厂房			80	
16	新建/在建生产线			280	
17	生产线转产				
18	变卖生产线				
19	紧急采购（随时进行）				
20	开始生产下一批			80	
21	季中盘点（请填余额）	650	620	70	259
22	应收款到期				
23	订单交货（0账期）				
24	厂房处理				
25	产品研发投资	20	20	10	10
26	出售库存（随时进行）				
27	厂房贴现（随时进行）				
28	厂房续租				
29	支付管理费	10	10	10	10
30	新市场开拓				50
31	ISO资格认证				25
32	缴纳违约订单罚款				
33	支付设备维护费				40
34	季末现金	620	590	50	124

表 4-14 材料采购表

年份	季度	生产计划					采购计划				人工费（万元）	材料费（万元）
		P1（个）	P2（个）	P3（个）	P4（个）	P5（个）	R1（个）	R2（个）	R3（个）	R4（个）		
第1年	1			0	0					0	0	
	2	8	0	0	0		8	0	0	0		
	3	0	0	8	8	80	80	0	0	8	8	80
	4	8	0	0	0	0	0	8	0	0	0	0
第2年	1	0	0	8	8	80	240	0	0	8	8	80
	2	8	0	0	0	0	0	8	0	0	0	0
	3	0	0	0	0	80	240	0	0	0	0	80
	4	0	0	0	0	0	0	0	0	0	0	0

表 4-15　第 1 年财务报表　　　　　　　　　　　　　　　　　（单位：万元）

综合费用表	
项　目	金　额
管理费	40
广告费	0
设备维护费	0
转产费	80
租金	0
市场准入开拓	50
产品研发	25
ISO 认证资格	60
信息费	0
其他	0
合计	255

利润表	
项　目	金　额
销售收入	0
直接成本	0
毛利	0
综合管理费用	255
折旧前利润	−255
折旧	0
支付利息前利润	−255
财务费用	0
税前利润	−255
所得税	0
净利润	−255

资产负债表			
项　目	金　额	项　目	金　额
现金	124	长期负债	0
应收款	0	短期负债	169
在制品	160	应交税金	0
产成品	0	—	
原材料	0	—	
流动资产合计	284	负债合计	169
土地和建筑	0	股东资本	650
机器与设备	280	利润留存	0
在建工程	0	年度净利	−255
固定资产合计	280	所有者权益合计	395
资产总计	564	负债和所有者权益总计	564

三、4 自 P1、P4

纯 P4 的方案算是险招，"不成功便成仁"，可以选择 2 自 P1 和 2 自 P4 的策略。

优势：一般情况下，选择 P4 产品的人数较少，且生产 P4 需要 P1 作为原材料，2 自 P4 可以晚建 1 个季度，销售 P4 可用最低广告额获取订单，将综合费用最小化。横向对比，节省的广告额和费用正好与其他产品相差的利润进行弥补，P4 便可反转局势。较空的 P4 市场可以扩大自己的产能，以跑量的方式，反其道而行之。

劣势：作为高端产品，P4 利润较低，市场需求量有限，前期投入很大，权益损失也很多，会有贷款压力且无法快速扩线。

注意：纯 P4 的方案特别需要注意细节，节约各种费用。在权益有所上涨的同时，尽快扩线和研发市场较空的产品，来挽回局面。

下面是 4 自 P1、P4 第 1 年的现金流量表（见表 4-16）、材料采购表（见表 4-17）和财务报表（见表 4-18）。

表 4-16 第 1 年现金流量表　　　　　　　　　　（单位：万元）

行次	项目	第 1 季度	第 2 季度	第 3 季度	第 4 季度
1	年初现金	650			
2	广告投放				
3	支付上年应交税				
4	支付长贷利息				
5	长期贷款还款				
6	申请长期贷款				
7	贴现金额（随时进行）				
8	贴现费用（随时进行）				
9	季初盘点（请填余额）	650	630	470	240
10	短期贷款还本				
11	支付短期贷款利息				
12	申请短期贷款				189
13	原材料入库				
14	购买厂房				
15	租用厂房		40		
16	新建/在建生产线		100	200	200
17	生产线转产				
18	变卖生产线				
19	紧急采购（随时进行）				
20	开始生产下一批				
21	季中盘点（请填余额）	650	490	270	229
22	应收款到期				
23	订单交货（0 账期）				
24	厂房处理				
25	产品研发投资	10	10	20	20
26	出售库存（随时进行）				
27	厂房贴现（随时进行）				
28	厂房续租				
29	支付管理费	10	10	10	10
30	新市场开拓				50
31	ISO 资格认证				25
32	缴纳违约订单罚款				
33	支付设备维护费				
34	季末现金	630	470	240	124

表 4-17 材料采购表

年份	季度	生产计划					采购计划						
		P1（个）	P2（个）	P3（个）	P4（个）	P5（个）	R1（个）	R2（个）	R3（个）	R4（个）	人工费（万元）	材料费（万元）
第1年	1								0	0		
	2						0	0	0	0		
	3						0	0	0	0	0	0
	4						2	0	2	0	0	0
第2年	1	2					4	0	2	0	20	20
	2	2			2		4	0	2	0	40	60
	3	2			2		4	0	0	0	40	60
	4	2			2		0	0	0	0	40	60

表 4-18 第 1 年财务报表　　　　　　　　　　（单位：万元）

综合费用表	
项目	金额
管理费	40
广告费	0
设备维护费	0
转产费	40
租金	0
市场准入开拓	50
产品研发	25
ISO 认证资格	60
信息费	0
其他	0
合计	215
利润表	
项目	金额
销售收入	0
直接成本	0
毛利	0
综合管理费用	215
折旧前利润	−215
折旧	0
支付利息前利润	−215
财务费用	0
税前利润	−215
所得税	0
净利润	−215

(续)

资产负债表			
项目	金额	项目	金额
现金	124	长期负债	0
应收款	0	短期负债	189
在制品	0	应交税金	0
产成品	0	—	
原材料	0	—	
流动资产合计	124	负债合计	169
土地和建筑	0	股东资本	650
机器与设备	0	利润留存	0
在建工程	500	年度净利	−215
固定资产合计	500	所有者权益合计	435
资产总计	624	负债和所有者权益总计	624

四、2自2柔P2、P5

2自2柔P2、P5的方案堪称经典，固定2自P2持续为生产P5提供原材料，2柔可以在P2和P5之间来回转换。

优势：P5的利润一直保持最高，如果市场比较拥挤，可以选择用柔性线转产做P2，以此来调整产能。如果市场比较宽松，卖最大产能的P5来获取较好的净利润，可以稳定扩线，加大自身产能，来拉开差距。

劣势：市场需求量较少，前期投入很大，权益损失也很多，会有贷款压力且无法快速扩线。相比于P4，P5还有大量的广告压力，控制好广告变得尤为重要。

注意：由于P5利润较高，中后期做P5的组数也会越来越多，所以后期必须转入空闲的市场，选择空闲的产品，铺开自己的产能。

下面是2自2柔P2、P5第1年的现金流量表（见表4-19）、材料采购表（见表4-20）和财务报表（见表4-21）。

表4-19 第1年现金流量表 （单位：万元）

行次	项目	第1季度	第2季度	第3季度	第4季度
1	年初现金	650			
2	广告投放				
3	支付上年应交税				
4	支付长贷利息				
5	长期贷款还款				
6	申请长期贷款				
7	贴现金额（随时进行）				
8	贴现费用（随时进行）				
9	季初盘点（请填余额）	650	490	260	199

（续）

行次	项目	第1季度	第2季度	第3季度	第4季度
10	短期贷款还本				
11	支付短期贷款利息				
12	申请短期贷款			169	229
13	原材料入库				
14	购买厂房				
15	租用厂房	40			
16	新建/在建生产线	100	200	200	200
17	生产线转产				
18	变卖生产线				
19	紧急采购（随时进行）				
20	开始生产下一批				
21	季中盘点（请填余额）	510	290	229	228
22	应收款到期				
23	订单交货（0账期）				
24	厂房处理				
25	产品研发投资	10	20	20	20
26	出售库存（随时进行）				
27	厂房贴现（随时进行）				
28	厂房续租				
29	支付管理费	10	10	10	10
30	新市场开拓				50
31	ISO资格认证				25
32	缴纳违约订单罚款				
33	支付设备维护费				
34	季末现金	490	260	199	123

表4-20 材料采购表

年份	季度	生产计划					采购计划				人工费（万元）	材料费（万元）
		P1（个）	P2（个）	P3（个）	P4（个）	P5（个）	R1（个）	R2（个）	R3（个）	R4（个）		
第1年	1								0	0		
	2						0	0	0	0		
	3						0	0	4	0	0	0
	4						0	4	1	3	0	0
第2年	1		4				0	4	2	2	40	80
	2		1			3	0	4	2	2	40	80
	3		2			2	0	4	0	0	40	80
	4		2			2	0	0	0	0	40	80

表 4-21　第 1 年财务报表　　　　　　　　　　　（单位：万元）

综合费用表	
项　目	金　额
管理费	40
广告费	0
设备维护费	0
转产费	40
租金	0
市场准入开拓	50
产品研发	25
ISO 认证资格	70
信息费	0
其他	0
合计	225

利润表	
项　目	金　额
销售收入	0
直接成本	0
毛利	0
综合管理费用	225
折旧前利润	−225
折旧	0
支付利息前利润	−225
财务费用	0
税前利润	−225
所得税	0
净利润	−225

资产负债表			
项　目	金　额	项　目	金　额
现金	123	长期负债	0
应收款	0	短期负债	398
在制品	0	应交税金	0
产成品	0	—	
原材料	0	—	
流动资产合计	123	负债合计	398
土地和建筑	0	股东资本	650
机器与设备	0	利润留存	0
在建工程	700	年度净利	−225
固定资产合计	700	所有者权益合计	425
资产总计	823	负债和所有者权益总计	823

任务5　实战对抗

不同的生产线，不同的产品，它们的组合也是千变万化的。根据市场趋势、产品数量等做出选择。以上4种方案，是根据本次实战对抗规则和详单分析而做出的产品选择。在接下来的实战对抗中，每一组的产品、生产线的选择都有所不同，竞争环境也是复杂的，请慎重考虑产品和生产线的选择，请开始你们的6年实战对抗，认真填写表4-22～表4-44。

表 4-22　第 1 年现金流量表　　　　　　　　　　（单位：万元）

行 次	项 目	第 1 季度	第 2 季度	第 3 季度	第 4 季度
1	年初现金				
2	广告投放				
3	支付上年应交税				
4	支付长贷利息				
5	长期贷款还款				
6	申请长期贷款				
7	贴现金额（随时进行）				
8	贴现费用（随时进行）				
9	季初盘点（请填余额）				
10	短期贷款还本				
11	支付短期贷款利息				
12	申请短期贷款				
13	原材料入库				
14	购买厂房				
15	租用厂房				
16	新建/在建生产线				
17	生产线转产				
18	变卖生产线				
19	紧急采购（随时进行）				
20	开始生产下一批				
21	季中盘点（请填余额）				
22	应收款到期				
23	订单交货（0 账期）				
24	厂房处理				
25	产品研发投资				
26	出售库存（随时进行）				
27	厂房贴现（随时进行）				
28	厂房续租				
29	支付管理费				
30	新市场开拓				
31	ISO 资格认证				
32	缴纳违约订单罚款				
33	支付设备维护费				
34	季末现金				

表 4-23　材料采购表

年份	季度	生产计划					采购计划				人工费（万元）	材料费（万元）
		P1（个）	P2（个）	P3（个）	P4（个）	P5（个）	R1（个）	R2（个）	R3（个）	R4（个）		
第1年	1											
	2											
	3											
	4											
第2年	1											
	2											
	3											
	4											

表 4-24　第 1 年财务报表　　　　　　　　　　　　　　（单位：万元）

综合费用表	
项　目	金　额
管理费	
广告费	
设备维护费	
转产费	
租金	
市场准入开拓	
产品研发	
ISO认证资格	
信息费	
其他	
合计	
利润表	
项　目	金　额
销售收入	
直接成本	
毛利	
综合管理费用	
折旧前利润	
折旧	
支付利息前利润	
财务费用	
税前利润	
所得税	
净利润	

（续）

资产负债表			
项　目	金　额	项　目	金　额
现金		长期负债	
应收款		短期负债	
在制品		应交税金	
产成品		—	—
原材料		—	—
流动资产合计		负债合计	
土地和建筑		股东资本	
机器与设备		利润留存	
在建工程		年度净利	
固定资产合计		所有者权益合计	
资产总计		负债和所有者权益总计	

表 4-25　第 2 年现金流量表　　　　　　　　　　　　（单位：万元）

行　次	项　目	第 1 季度	第 2 季度	第 3 季度	第 4 季度
1	年初现金				
2	广告投放				
3	支付上年应交税				
4	支付长贷利息				
5	长期贷款还款				
6	申请长期贷款				
7	贴现金额（随时进行）				
8	贴现费用（随时进行）				
9	季初盘点（请填余额）				
10	短期贷款还本				
11	支付短期贷款利息				
12	申请短期贷款				
13	原材料入库				
14	购买厂房				
15	租用厂房				
16	新建/在建生产线				
17	生产线转产				
18	变卖生产线				
19	紧急采购（随时进行）				
20	开始生产下一批				
21	季中盘点（请填余额）				
22	应收款到期				
23	订单交货（0 账期）				
24	厂房处理				
25	产品研发投资				
26	出售库存（随时进行）				
27	厂房贴现（随时进行）				
28	厂房续租				
29	支付管理费				
30	新市场开拓				
31	ISO 资格认证				
32	缴纳违约订单罚款				
33	支付设备维护费				
34	季末现金				

表 4-26　材料采购表

年份	季度	生 产 计 划					采 购 计 划					人工费（万元）	材料费（万元）
		P1（个）	P2（个）	P3（个）	P4（个）	P5（个）	R1（个）	R2（个）	R3（个）	R4（个）		
第2年	1											
	2											
	3											
	4											
第3年	1											
	2											
	3											
	4											

表 4-27　订单交货表

产品	数量（个）	金额（万元）	交货期（季）	账期（季）	交货时间（季）	应收到期（季）

注：应收到期=账期+交货时间，填入现金预算表第 22 行。

表 4-28　第 2 年财务报表　　　　　　　　　　　　　　　　　　　（单位：万元）

综合费用表	
项　目	金　额
管理费	
广告费	
设备维护费	
转产费	
租金	
市场准入开拓	
产品研发	
ISO 认证资格	
信息费	
其他	
合计	

利润表	
项　目	金　额
销售收入	
直接成本	
毛利	
综合管理费用	
折旧前利润	
折旧	
支付利息前利润	
财务费用	
税前利润	
所得税	
净利润	

资产负债表			
项　目	金　额	项　目	金　额
现金		长期负债	
应收款		短期负债	
在制品		应交税金	
产成品		—	—
原材料		—	—
流动资产合计		负债合计	
土地和建筑		股东资本	
机器与设备		利润留存	
在建工程		年度净利	
固定资产合计		所有者权益合计	
资产总计		负债和所有者权益总计	

表 4-29　第 3 年现金流量表　　　　　　　　　　　　（单位：万元）

行次	项目	第1季度	第2季度	第3季度	第4季度
1	年初现金				
2	广告投放				
3	支付上年应交税				
4	支付长贷利息				
5	长期贷款还款				
6	申请长期贷款				
7	贴现金额（随时进行）				
8	贴现费用（随时进行）				
9	季初盘点（请填余额）				
10	短期贷款还本				
11	支付短期贷款利息				
12	申请短期贷款				
13	原材料入库				
14	购买厂房				
15	租用厂房				
16	新建/在建生产线				
17	生产线转产				
18	变卖生产线				
19	紧急采购（随时进行）				
20	开始生产下一批				
21	季中盘点（请填余额）				
22	应收款到期				
23	订单交货（0账期）				
24	厂房处理				
25	产品研发投资				
26	出售库存（随时进行）				
27	厂房贴现（随时进行）				
28	厂房续租				
29	支付管理费				
30	新市场开拓				
31	ISO 资格认证				
32	缴纳违约订单罚款				
33	支付设备维护费				
34	季末现金				

表 4-30 材料采购表

年份	季度	生产计划					采购计划				人工费（万元）	材料费（万元）
		P1（个）	P2（个）	P3（个）	P4（个）	P5（个）	R1（个）	R2（个）	R3（个）	R4（个）		
第3年	1											
	2											
	3											
	4											
第4年	1											
	2											
	3											
	4											

表 4-31 订单交货表

产品	数量（个）	金额（万元）	交货期（季）	账期（季）	交货时间（季）	应收到期（季）

注：应收到期=账期+交货时间，填入现金预算表第 22 行。

表 4-32　第 3 年财务报表　　　　　　　　　　（单位：万元）

综合费用表	
项　目	金　额
管理费	
广告费	
设备维护费	
转产费	
租金	
市场准入开拓	
产品研发	
ISO 认证资格	
信息费	
其他	
合计	

利润表	
项　目	金　额
销售收入	
直接成本	
毛利	
综合管理费用	
折旧前利润	
折旧	
支付利息前利润	
财务费用	
税前利润	
所得税	
净利润	

资产负债表			
项　目	金　额	项　目	金　额
现金		长期负债	
应收款		短期负债	
在制品		应交税金	
产成品		—	—
原材料		—	—
流动资产合计		负债合计	
土地和建筑		股东资本	
机器与设备		利润留存	
在建工程		年度净利	
固定资产合计		所有者权益合计	
资产总计		负债和所有者权益总计	

表 4-33　第 4 年现金流量表　　　　　　　　　　　　　　　（单位：万元）

行　次	项　　目	第 1 季度	第 2 季度	第 3 季度	第 4 季度
1	年初现金				
2	广告投放				
3	支付上年应交税				
4	支付长贷利息				
5	长期贷款还款				
6	申请长期贷款				
7	贴现金额（随时进行）				
8	贴现费用（随时进行）				
9	季初盘点（请填余额）				
10	短期贷款还本				
11	支付短期贷款利息				
12	申请短期贷款				
13	原材料入库				
14	购买厂房				
15	租用厂房				
16	新建/在建生产线				
17	生产线转产				
18	变卖生产线				
19	紧急采购（随时进行）				
20	开始生产下一批				
21	季中盘点（请填余额）				
22	应收款到期				
23	订单交货（0 账期）				
24	厂房处理				
25	产品研发投资				
26	出售库存（随时进行）				
27	厂房贴现（随时进行）				
28	厂房续租				
29	支付管理费				
30	新市场开拓				
31	ISO 资格认证				
32	缴纳违约订单罚款				
33	支付设备维护费				
34	季末现金				

表 4-34 材料采购表

年份	季度	生 产 计 划					采 购 计 划				人工费（万元）	材料费（万元）
		P1（个）	P2（个）	P3（个）	P4（个）	P5（个）	R1（个）	R2（个）	R3（个）	R4（个）		
第4年	1											
	2											
	3											
	4											
第5年	1											
	2											
	3											
	4											

表 4-35 订单交货表

产　品	数量（个）	金额（万元）	交货期（季）	账期（季）	交货时间（季）	应收到期（季）

注：应收到期=账期+交货时间，填入现金预算表第 22 行。

表4-36 第4年财务报表　　　　　　　　　　　　　　　　　　（单位：万元）

综合费用表	
项目	金额
管理费	
广告费	
设备维护费	
转产费	
租金	
市场准入开拓	
产品研发	
ISO 认证资格	
信息费	
其他	
合计	

利润表	
项目	金额
销售收入	
直接成本	
毛利	
综合管理费用	
折旧前利润	
折旧	
支付利息前利润	
财务费用	
税前利润	
所得税	
净利润	

资产负债表			
项目	金额	项目	金额
现金		长期负债	
应收款		短期负债	
在制品		应交税金	
产成品		—	—
原材料		—	—
流动资产合计		负债合计	
土地和建筑		股东资本	
机器与设备		利润留存	
在建工程		年度净利	
固定资产合计		所有者权益合计	
资产总计		负债和所有者权益总计	

表 4-37　第 5 年现金流量表　　　　　　　　（单位：万元）

行次	项目	第1季度	第2季度	第3季度	第4季度
1	年初现金				
2	广告投放				
3	支付上年应交税				
4	支付长贷利息				
5	长期贷款还款				
6	申请长期贷款				
7	贴现金额（随时进行）				
8	贴现费用（随时进行）				
9	季初盘点（请填余额）				
10	短期贷款还本				
11	支付短期贷款利息				
12	申请短期贷款				
13	原材料入库				
14	购买厂房				
15	租用厂房				
16	新建/在建生产线				
17	生产线转产				
18	变卖生产线				
19	紧急采购（随时进行）				
20	开始生产下一批				
21	季中盘点（请填余额）				
22	应收款到期				
23	订单交货（0账期）				
24	厂房处理				
25	产品研发投资				
26	出售库存（随时进行）				
27	厂房贴现（随时进行）				
28	厂房续租				
29	支付管理费				
30	新市场开拓				
31	ISO 资格认证				
32	缴纳违约订单罚款				
33	支付设备维护费				
34	季末现金				

表 4-38 材料采购表

年份	季度	生产计划					采购计划				人工费（万元）	材料费（万元）
		P1（个）	P2（个）	P3（个）	P4（个）	P5（个）	R1（个）	R2（个）	R3（个）	R4（个）		
第5年	1											
	2											
	3											
	4											
第6年	1											
	2											
	3											
	4											

表 4-39 订单交货表

产品	数量（个）	金额（万元）	交货期（季）	账期（季）	交货时间（季）	应收到期（季）

注：应收到期=账期+交货时间，填入现金预算表第 22 行。

表 4-40　第 5 年财务报表　　　　　　　　　　　　　（单位：万元）

综合费用表	
项　目	金　额
管理费	
广告费	
设备维护费	
转产费	
租金	
市场准入开拓	
产品研发	
ISO 认证资格	
信息费	
其他	
合计	

利润表	
项　目	金　额
销售收入	
直接成本	
毛利	
综合管理费用	
折旧前利润	
折旧	
支付利息前利润	
财务费用	
税前利润	
所得税	
净利润	

资产负债表			
项　目	金　额	项　目	金　额
现金		长期负债	
应收款		短期负债	
在制品		应交税金	
产成品		—	—
原材料		—	—
流动资产合计		负债合计	
土地和建筑		股东资本	
机器与设备		利润留存	
在建工程		年度净利	
固定资产合计		所有者权益合计	
资产总计		负债和所有者权益总计	

表 4-41　第 6 年现金流量表　　　　　　　　　　　　　　（单位：万元）

行次	项目	第1季度	第2季度	第3季度	第4季度
1	年初现金				
2	广告投放				
3	支付上年应交税				
4	支付长贷利息				
5	长期贷款还款				
6	申请长期贷款				
7	贴现金额（随时进行）				
8	贴现费用（随时进行）				
9	季初盘点（请填余额）				
10	短期贷款还本				
11	支付短期贷款利息				
12	申请短期贷款				
13	原材料入库				
14	购买厂房				
15	租用厂房				
16	新建/在建生产线				
17	生产线转产				
18	变卖生产线				
19	紧急采购（随时进行）				
20	开始生产下一批				
21	季中盘点（请填余额）				
22	应收款到期				
23	订单交货（0账期）				
24	厂房处理				
25	产品研发投资				
26	出售库存（随时进行）				
27	厂房贴现（随时进行）				
28	厂房续租				
29	支付管理费				
30	新市场开拓				
31	ISO资格认证				
32	缴纳违约订单罚款				
33	支付设备维护费				
34	季末现金				

表 4-42 材料采购表

年份	季度	生产计划					采购计划					
		P1（个）	P2（个）	P3（个）	P4（个）	P5（个）	R1（个）	R2（个）	R3（个）	R4（个）	人工费（万元）	材料费（万元）
第5年	1											
	2											
	3											
	4											
第6年	1											
	2											
	3											
	4											

表 4-43 订单交货表

产品	数量（个）	金额（万元）	交货期（季）	账期（季）	交货时间（季）	应收到期（季）

注：应收到期=账期+交货时间，填入现金预算表第 22 行。

表 4-44　第 6 年财务报表　　　　　　　　　　（单位：万元）

综合费用表	
项　目	金　额
管理费	
广告费	
设备维护费	
转产费	
租金	
市场准入开拓	
产品研发费	
ISO 认证资格	
信息费	
其他	
合计	

利润表	
项　目	金　额
销售收入	
直接成本	
毛利	
综合管理费用	
折旧前利润	
折旧	
支付利息前利润	
财务费用	
税前利润	
所得税	
净利润	

资产负债表			
项　目	金　额	项　目	金　额
现金		长期负债	
应收款		短期负债	
在制品		应交税金	
产成品		—	
原材料		—	
流动资产合计		负债合计	
土地和建筑		股东资本	
机器与设备		利润留存	
在建工程		年度净利	
固定资产合计		所有者权益合计	
资产总计		负债和所有者权益总计	

项目小结

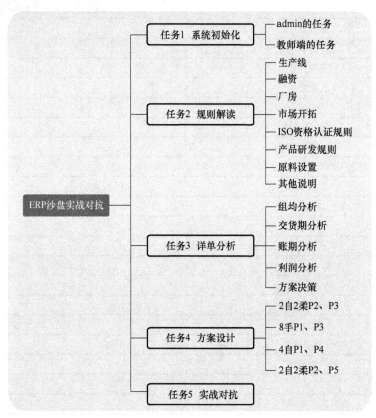

问题与思考

1. admin 和教师的区别是什么？系统初始化主要包括哪些内容？
2. 比赛过程中我们需要重点关注哪些规则的变化？
3. 详单分析主要包括哪些内容？如何制作利润走势图？
4. 实战对抗过程中需要注意哪些细节？
5. 你会如何制订自己的方案？谈谈你对方案制订的想法。

项目五
ERP 沙盘模拟经营分析与总结

项目综述

通过对企业 ERP 沙盘模拟经营体验之后的分析与总结是企业管理者提高经营能力的重要环节。本项目主要介绍企业经营本质、经营业务分析、经营成果分析和经营业绩衡量，该项目的学习是在后续竞赛中提升企业经营核心竞争力的重点内容。

学习目标

- 了解企业经营本质。
- 明确企业发展战略规划。
- 掌握市场分析与定位。
- 熟悉生产与运营管理。
- 学会财务预算的编制。
- 能够进行经营成果分析。
- 理解业绩衡量的方法。

重点与难点

企业发展战略选择、市场营销分析方法与技巧、财务预算的编制以及财务控制的方法、生产计划与采购方式调整。

任务 1 经营的本质

经营的本质是企业利用一定的经济资源，通过向社会提供产品和服务，获取利润。

在企业实现销售之前，必须先要采购原材料、支付工人工资，还有其他生产加工时必需的费用，才能最终生产出产品，收入中当然要抵扣掉这些直接成本；还要抵扣企业为形成这些销售支付的各种费用，包括产品研发费用、广告投入费用、市场开拓费用、设备维修费用、管理费用等；机器设备在生产运行后会贬值，如 10 万元的一辆汽车，开 3 年之后值 5 万元就不错了，资产缩水了，这部分损失应当从销售额中得到补偿，这就是折旧。经过三个方面的抵扣之后，剩下的部分形成支付利息前的利润，归三方所有。首先，资本中有一部分来自银行贷款，企业在很大程度上是靠银行的资金产生利润的；而银行之所以贷款给企业，当然需要收取利息回报，即财务费用；其次，企业的运营，离不开国家的"投入",如道路、环境、安全等,所以一部分归国家,即税收;最后的净利润,才是股东的。经营的本质如图 5-1 所示。

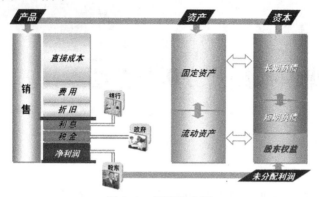

图 5-1 经营的本质

一、企业资本来源

1) 负债:长期负债和短期负债。
2) 股东权益:企业创建之初所有股东投入的资本和年末未分配的利润。

二、企业资产(会计恒等式的应用)

会计恒等式:资产=负债+所有者权益。

在企业筹集了初始资本之后,将进行采购厂房、建设生产线、购买原材料、生产加工产品等活动,余下的资本(资金)就是企业的流动资金。这时,企业的资本就等值地转换成了企业的资产。通俗地讲,资产就是企业的"钱"都花到哪儿了,资本就是这"钱"是属于谁的,两者从价值上讲必然是相等的,即资产负债表中左边等于右边。

三、企业净利润增加的途径

企业获取利润的主要途径有:一是扩大销售收入(开源),二是降低成本费用(节流)。

1) 扩大销售收入(开源)。扩大企业生产规模是企业发展规划中最重要的一步。通过扩大市场范围、进行品牌认证、合理广告投入、增加新生产线等一系列操作,进行市场开拓,实现企业利润最大化,如图 5-2 所示。

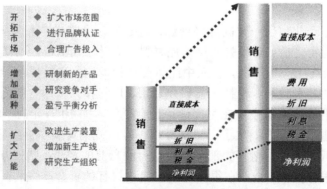

图 5-2 开源——努力扩大销售

2）降低成本费用（节流）。降低各项成本费用开支是企业财务管理的一项重要内容。通过对各项成本费用开支的列示，有利于企业进行成本费用的结构分析，加强成本控制，以便为寻求降低成本费用的途径提供依据，如图 5-3 所示。

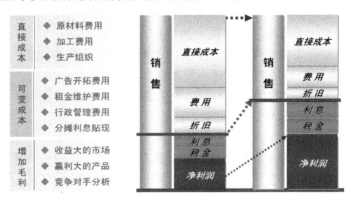

图 5-3　节流——尽力降低成本

任务 2　经营业务分析

一、首席执行官（CEO）——企业战略规划

企业首席执行官（CEO）如何在竞争激烈的商战中通过市场分析与定位取得成功，作为管理者要学会选择，如图 5-4 所示。

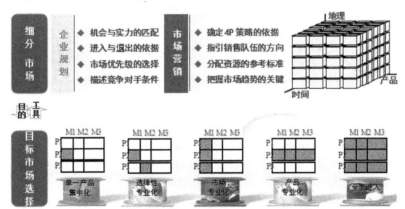

图 5-4　目标市场的选择

1．市场分析

市场分析是指通过市场调研，依据消费者需要和欲望、购买习惯和购买行为等方面的差异，把某一产品的市场整体划分为若干消费者群的市场分类过程。每一个需求特点类似的消费者群就构成一个细分市场。

2．市场定位

市场定位的实质在于取得目标市场的竞争优势，确定产品在目标客户心目中的适合位置并留下值得购买的印象，以吸引更多的客户。

3. 企业经营规划技巧提升

很多企业经营者，一直就是糊里糊涂的，这是典型的没有战略的表现。所谓战略，用迈克尔·波特的话说就是企业各项运作活动之间建立的一种配称。企业所拥有的资源是有限的，如何分配这些资源，使企业价值最大化，这就是配称。目标和资源之间必须是匹配的，不然目标再远大，实现不了，只能沦为空想。

ERP沙盘模拟经营必须在年初经营会议上考虑以下几个战略问题：

- ➢ 企业想进入哪些市场？企业想开发哪些产品？
- ➢ 企业想投资什么样的生产线？企业是否需要进行 ISO 认证？
- ➢ 企业的融资策略是什么？
- ➢ 企业今年的市场投入（广告）策略是什么？

ERP沙盘模拟经营中为了实现战略目标，最有效的工具是做长期资金规划，预先将6年的资金预算一一算出，形成资金规划。同时将6年预测的财务报表、生产计划、采购计划也完成，从而形成一套可行的战略。当然，仅有一套战略是不够的，事先还需要形成数套战略，同时在执行的过程中做动态调整，可以根据如图5-5所示的思路进行调整。

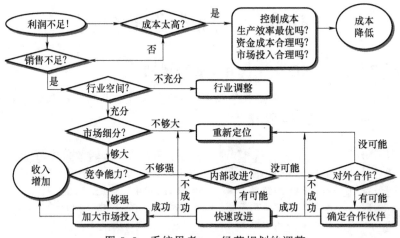

图5-5　系统思考——经营规划的调整

在制订战略的过程中，有两点需要特别注意：

1）在战略的制订和执行过程中，永远不要忘记你的对手，对手的一举一动都会对你产生重大影响。

2）前3年是经营的关键，此时企业资源较少，战略执行必须步步为营，用好每一分钱。而且前期若被对手拉大差距，后期想追赶是很难的。第一年浪费1万元，可能会导致第6年权益相差几十万元，这就是"蝴蝶效应"。

二、销售总监——市场营销解析

1. 整体广告方案

市场活动是企业经营最大的变数，也是企业利润的最终源泉，其重要性不言而喻。销售总监可以说是最有挑战性的岗位。

图5-6可作如下解读，P1的产品需求量在后两年快速下降，其价格也逐年走低；P2

的产品需求量一直较为平稳,前四年价格较稳定,但在后两年下降迅速;P3 产品需求发展较快,价格逐年走高;P4 只在最后两年才有少量的需求,但价格和 P3 相比并没有特别的吸引力。

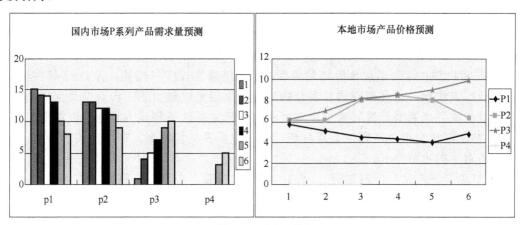

图 5-6　市场预测

读懂了市场变化,仅结合产能还不足以制订广告策略,同时还要对竞争对手有正确的评估,企业竞争的本质就是"博弈",知己知彼,百战不殆。很多时候价格高,需求也行,大家都一头扎进去抢单,其结果是恶性竞争,便宜了其他公司,所以有些东西往往看着是"馅饼",其实可能是"陷阱"。作为企业管理者,在制订好了广告策略之后,还需要对销售额、销售量、毛利有一个较为明确的目标。最直接的指标是广告投入产出比=订单销售额合计/总广告投入,即投入 10 万元广告可以得到多少销售额。

根据商战比赛经验来讲,前两年投入 50 万元左右的广告额是合理的;第三年后 80 万元～100 万元的广告额是合理的。所以不能进行很大额的广告投放,这样对企业整体经营是有害的;也不能过度节省广告费,如果企业在订货会上没有取得订单,那企业的利润从何而来?

2．广告技巧提升

(1) 广告投放标准

关于市场营销中最为重要的一点,即市场活动中的广告控制。

简单来说,我们可以把市场广告理解为以下三点。

1) 基本广告点。根据企业实际产能进行计算,例如,1～4 个产品单个市场投放 10 万元的广告等。

2) 利润广告点。

$$净利润=销售收入-成本-综合费用-利息-折旧-所得税$$

企业经营的本质就是利润,所以企业需要考虑能够创造多少利润,本项目中的重点在于企业管理者对于综合费用中广告费额度的控制。

思考:在企业利润为零的情况下,企业该如何投放广告?

3) 最佳广告点(极限广告)。以最合理的广告创造最大利润,例如,10 万元的广告取得 4～8 个产品,以最低的广告额创造更多的利润。

(2) 巡盘注意事项(现金流、产能、订单等)

1) 巡盘环节:现金,研发,生产线,材料,产成品,厂房,贷款额度(可进行复盘,推算其他竞争企业发展规划）。

2）巡盘：查看其他企业的信息，重点看同类竞争者（现金、生产线、生产产品个数）并注意标记，巡盘时间和投广告时间一起检查，选单时要注意将"交货期、账期、数量"记录下来，在订货会之前做好产能计算。

（3）订货会细节注意点讲解

1）第一年年末留适合的广告，即基本广告费（以产品数量上下浮动）。

2）广告投放：综合巡盘分析结果和市场预测结果进行广告投放，前1～3年关注竞争对手企业广告情况，后几年应适量多一些广告（原则是以最少的广告获得最大的利润），广告投放的临界点需要计算好（至少有利润，在特定条件下利润为零也可以接受）。

3）参加订货会抢单技巧注意点总结：先抢数量多、价格高、账期短的优势单，重点关注竞争对手的抢单情况。

4）订单登记汇总：产品编号、产品、数量、金额、交货期、账期、交货时间。

三、生产与采购总监——生产与采购计划

1. 生产线与产品概述

说到生产与采购，不得不提到企业必须准确计算产能，推算各个产品每季度的完工情况，才能制订更好的广告策略，为选对订单做好一切准备，在此之前，生产与采购总监应了解企业生产线配置与原材料构成，本项目中的生产线与产品概述，见表5-1与表5-2。

表5-1 生产线配置表

生产线类型	投资总额（万元）	每季投资（万元）	安装周期（季）	生产周期（季）	转产费用（万元）	转产周期（季）	维修费（万元/年）	残值（万元）	折旧费（万元）	折旧时间（年）	分值（分）
超级手工线	35	35	0	2	0	0	5	5	10	3	5
自动线	150	50	3	1	20	1	20	30	30	4	8
柔性线	200	50	4	1	0	0	20	40	40	4	10
租赁线	0	0	0	1	20	1	65	−75	0	0	0

表5-2 原材料构成表

名称	开发费（万元/季）	开发时间（季）	加工费（万元）	直接成本（万元）	分值（分）	产品组成
P1	10	2	10	20	10	R1*1
P2	10	3	10	30	10	R2*1+R3*1
P3	10	4	10	40	10	R3*1+R1*1+R4*1
P4	10	5	10	50	10	P1*1+R3*1+R1*1
P5	10	5	10	60	10	P2*1+R4*1+R2*1

2. 确定生产计划和采购计划

获取订单后，就可以编制生产计划和采购计划了。两者同时编制，以生产P3为例，其物料清单（BOM）为R1+R3+R4，其中R1订购提前期为1个季度，R3、R4为2个季度。

由表5-3可知，手工线（假设生产周期为2个季度）第2年第1季度开始生产下一批生产，需要在第1年第3季度订购4个R3和4个R4，第1年第4季度订购4个R1；第2年第3季度开始新一批生产，则需要在第2年第1季度订购4个R3和4个R4，第2年

第 2 季度订购 4 个 R1。

以此类推,可以根据生产线类型(手工线、自动线、柔性线、租赁线)及所生产产品类型计算出何时订购、订购多少。当然在实际操作的时候还要考虑原料库存、转产、停产、加工费、原料到货付款等。原料订购计划做好后,原料付款计划则随即产生。

企业经过上述生产计划与采购计划的经营操作,可计算得出企业使用各类生产线的完工产品数量,见表 5-4。

表 5-3　4 手 P3 产品生产计划及采购计划

年份	季度	生产计划					采购计划				人工费（万元）	材料费（万元）
		P1（个）	P2（个）	P3（个）	P4（个）	P5（个）	R1（个）	R2（个）	R3（个）	R4（个）		
第1年	1											
	2											
	3								4	4		
	4					4						
第2年	1		4						4	4	40	120
	2					4						
	3			4							40	120
	4											

表 5-4　4 条各类生产线 P3 产品完工产品计算表

生产线类型	生产周期（季）	第1年产能	第2年产能	第3年产能	第4年产能	第5年产能	第6年产能
超级手工线	2	0	4	8	8	8	8
自动线	1	0	12	16	16	16	16
柔性线	1	0	12	16	16	16	16
租赁线	1	0	12	16	16	16	16

3．生产与采购技巧提升

(1) 零库存管理

原材料的计算、采购计划排程,是 MRP(物资需求计划)的核心内容之一,也是影响一个企业资金周转率的重要因素。在企业生产采购过程中,通过精准计算,做到下每个原材料时都要明白其是什么时候做什么产品用的,这样才可以做到及时制(Just In Time, JIT)管理,实现"零库存"的目标。

通俗地说,在企业经营管理过程中,用贷款购买原材料,需要支付利息;在 ERP 沙盘模拟中,原材料的库存本身是不会产生利润的,因此原材料库存越多,意味着需要更多的资金,同时会提高企业的贷款,增加财务费用,降低资金周转率,所以减少库存是企业节流的一项重要举措。

(2) 百变库存管理

企业实现"零库存",说明已经可以熟练掌握生产排程。但是"零库存"管理是基于未来需求确定的情况下做的安排,实际比赛中,选手经常利用柔性线转产来调整已有的一些生产计划以应对变化的市场。因此追求绝对的"零库存",会暴露参赛选手的企业不能根据市场订单情况及时灵活地调整生产安排等问题。因此,在有柔性线的情况下,原材料采购计划应多做几种方案，取各种方案中出现的原材料需求量最大值。

例如，现有一条柔性线，在第 2 年第 1 季度有可能需要上线生产 P2 产品，也有可能生产 P3 产品。P2 由 R2+R3 构成，P3 由 R1+R3+R4 构成。由于生产安排不确定，通过分析发现要在第 2 年第 1 季度实现 P2、P3 的任意转换生产，需要在第 1 季度保证有 R1、R2、R3、R4 四种原材料各一个。

若想要充分发挥柔性线的转产优势，必须做好原材料的提前订购，预测拿单的可能情况，与此同时，在参加订货会之后相对应减少第 2 年的原材料采购，从而将多订的预备转产的原材料库存进行使用。做好原材料的灵活采购计划、"百变库存"管理是保证后期机动调整产能、灵活选取订单的基础，同时需要兼顾资金周转率，才能发挥出柔性线最大的价值。

四、财务总监——预算管理

1．预算编制

在预算编制之前，模拟企业的 CEO 要会同财务总监、销售总监、采购总监、生产总监等相关部门负责人召开新年度会议，这也是工作流程表的第一步，结合过往年度情况对市场进行预测、分析，并结合上年度实际生产销售情况、库存情况，制订新年度的销售目标。销售目标一旦确定，与之相配套的生产采购预算、资金预算等的编制就紧跟着落实，这是一整套有顺序且环环相扣的预算计划编制。

2．预算规划技巧提升

预算规划涉及的东西会比较多，逐一来讲，如在年度运营中的基本预算有每年贷款额度的使用、材料费用的支付、订单交付及应收款管理等。

（1）每年贷款额度的使用

在第 1 年经营发现企业都能大量地贷款，但是很遗憾，企业的贷款（短贷）在第 2 年是要还的。而长贷只需要每年支付利息，但利息费用却很高，企业很难盈利，长贷到期需还本付息。

那在短贷利率 5%、长贷利率 10%的情况下，怎样贷款会比较好？

本书推荐以短贷为主、长贷为辅，就是能多借短贷就借短贷，若现金流还有缺口，就可以使用合理的长贷。同时在开局时短贷的额度尽量往后推，例如，第 1 季度 49 万元，第 2 季度 69 万元，第 3 季度 109 万元，第 4 季度 209 万元，进行合理分配贷款额度。

（2）材料费用的支付

在每种方案中，企业每季度生产使用的材料都需提前订购，但企业在模拟经营过程中需要注意一点：在订购材料时不扣材料费，只有原材料入库时企业才需要支付费用。

例如，以 4 自 P2 为例，每季度的材料入库费用都是 80 万元，这样对于企业现金流的压力并不太大，但在获取订单时，生产计划太过于简单很容易被针对。

在企业模拟经营多次之后，不同的企业都会选择使用各种生产线，同时多订购原材料以便进行加线操作，但多订购的原材料及后续的加线操作会导致第 1 季度现金使用量增多，进一步增加企业的现金流压力，所以在企业中需要提前准备好发展资金（现金预算规划表）。

（3）订单交付及应收款管理

在符合订单交货的情况下，企业可以调整产品交货时间。

例如，先交账期短的订单用于减少现金流的压力，降低贴现费用；当然在企业如果有更为高端的选择，如在第 2 年第 2 季度需要钱建设自动线，那么企业就可以在第 1 季度交 0 账期的销售单来减缓现金流压力；在企业中根据是否需要资金的季度来调整交货，如企业在第 3 季度现金流充足，而第 4 季度资金不足，企业可以在第 2 季度交账期为 1 的销售单来缓解资金压力。

同理，企业在排产交货的同时也必须考虑企业下一年度的发展规划，如企业在这一年收到的钱并不是很多，那么是否需要安排在今年贴现建设生产线扩大下一年度产能，或直接在下一年度使用手工线和租赁线扩大产能，这些都是企业需要在预算决策时思考的，也是现金预算规划表中体现企业未来发展的重要组成部分。

（4）所得税的处理方式

所得税是指国家对法人、自然人和其他经济组织在一定时期内的各种所得征收的一类税收。和其他税种一样，所得税具有强制性。

在 ERP 沙盘模拟的规则中，有几种情况特别要注意：

1）当年税前利润为正数，且以前年度没有亏损，按照所得税率缴纳所得税。

2）当年税前利润为零或负数，不用缴纳所得税。

3）当年税前利润为正数，但是以前年度有亏损，弥补亏损部分不需要缴纳所得税，直至权益达到一般模拟企业中的 600 万元（初始状态）。具体见表 5-5。

表 5-5　所得税处理案例

项　　目	第 1 年（万元）	第 2 年（万元）	第 3 年（万元）
年初权益	600	400	500
税前利润	−200	100	200
是否弥补亏损	0	100	100
所得税税率	25%	25%	25%
累计利润	−200	−100	175
应缴所得税费用	0	0	25
净利润	−200	100	75
年末权益	400	500	675

任务 3　经营成果分析

本任务是从系统的角度，将某企业 6 年的综合费用表和利润表展示出来，并分别从产品贡献度、全成本分析法、本量利分析和杜邦分析法等角度进行分析，让同学们通过数据分析经营成果，找出影响企业利润的关键因素。

某企业 6 年综合费用表和利润表（数据来源于电子沙盘，初始资金为 588 万元），见表 5-6 和表 5-7。

从表 5-7 中，我们可以发现该企业在前 3 年业绩平平，企业逐步实现盈利，但从第 3 年起，由于销售收入增长较快，带动了利润增长，企业发展得越来越好。

表 5-6 综合费用表

项目	第1年（万元）	第2年（万元）	第3年（万元）	第4年（万元）	第5年（万元）	第6年（万元）
管理费	40	40	40	40	40	40
广告费		102	89	110	161	202
维护费		76	76	161	161	271
损失						
转产费						
租金			33	33	79	
市场开拓费	62	41	29	15		
产品研发费	44	12	68		13	82
ISO 认证费	22	22				
信息费						
合计	168	293	335	359	454	595

表 5-7 利润表

项目	第1年（万元）	第2年（万元）	第3年（万元）	第4年（万元）	第5年（万元）	第6年（万元）
销售收入	0	1027	1274	2019	2317	2915
直接成本	0	480	600	920	1040	1300
毛利	0	547	674	1099	1277	1615
综合费用	168	293	335	359	454	595
折旧前利润	−168	254	339	740	823	1020
折旧	0	0	120	120	270	270
支付利息前利润	−168	254	219	620	553	750
财务费用	0	36	85	219	221	227
税前利润	−168	218	134	401	332	523
所得税	0	13	34	100	83	131
年度净利润	−168	205	100	301	249	392

一、产品贡献度分析

企业经营的成果可以从利润表中看到，但财务反映的损益情况是公司经营的综合情况，并没有反映具体业务、具体合同、具体产品、具体项目等明细项目的赢利情况。赢利分析就是对企业销售的所有产品和服务分项进行赢利细化核算，核算的基本公式为

单产品赢利=某产品销售收入−该产品直接成本−分摊给该产品的费用

这是一项非常重要的分析，它可以告诉企业的经营者有哪些产品是赚钱的，哪些产品是不赚钱的。

在这个公式中，分摊费用是指不能够直接认定到产品（服务）上的间接费用，如广告费、管理费、维修费、租金、开发费等，都不能直接认定到某一产品（服务）上，需要在当年的产品中进行分摊。分摊费用的方法有很多种，传统的方法有按收入比例、按成本比例等进行分摊，这些传统的方法多是一些不精确的方法，很难做到合理。本课程中的费用分摊是按照产品数量进行的分摊，即

某类产品分摊的费用=分摊费用÷各类产品销售数量总和×某类产品销售的数量

按照这样的计算方法得出各类产品的分摊费用，根据赢利分析公式，计算出各类产品

的贡献利润，再用利润率来表示对整个公司的利润贡献度，即

$$\frac{某类产品的贡献利润}{该类产品的销售收入} = \frac{(某类产品的销售收入-直接成本-分摊给该类产品的费用)}{该类产品的销售收入}$$

其结果如图 5-7 所示。

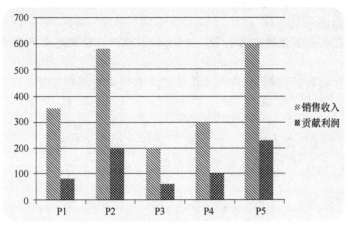

图 5-7　产品贡献利润

图 5-7 为产品贡献度分析。尽管分摊的方法有一定的偏差，但分析的结果可以说明哪些产品是赚钱的，是值得企业大力发展的，哪些产品赚得少或根本不赚钱。企业的经营者可以对这些产品进行更加仔细的分析，以确定企业发展的方向。

二、全成本分析

企业的成本由多项费用要素构成，了解各费用要素在总体成本中所占的比例，分析成本结构以及发生的原因，从比例较高的那些费用支出项入手，是控制费用的有效方法。费用比例的计算公式为

$$费用比例=费用\div销售收入$$

如果将各费用比例相加，再与第 1 年相比，则可以看出总费用占销售的比例，如果超过第 1 年，则说明支出大于收入，企业亏损，并可以直观地看出亏损的程度，如图 5-8 所示。

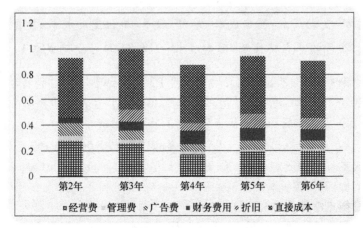

图 5-8　全成本费用比例

第 2 年经营费用较高，可能是企业经营规划出现了问题，例如，选单发生了重大失误或者生产和销售没有衔接好，造成直接成本过高，导致企业获取的订单利润不高。

第 3 年主要的重点是在于折旧的产生，所以管理者在企业的战略规划中需要提前思考折旧带来的利润影响。

第 4 年经营基本正常，也开始略有盈利，企业逐步走上正轨，但是财务费用比较高，看来资金把控能力还不足。

第 5 年利润较高，但直接成本也高，毛利率不理想，看来对市场研究还不够透彻，订单利润不高。

第 6 年广告有问题，其效益还不如第 5 年，毛利率也不够理想。

温馨提示

1）考虑到第 1 年没有销售，因此列出的数据从第 2 年起。
2）经营费=综合费用+管理费用+广告费。

三、本量利分析

本量利分析法也称为盈亏平衡分析法，是通过分析企业生产成本、销售利润和产品数量三者之间的关系，掌握盈亏变化规律，指导企业选择获得最大利润的经营方案。

销售额和销售数量成正比，而企业成本支出分为固定成本和变动成本两部分，固定成本和销售数量无关，如综合费用、折旧及利息等。成本曲线和销售金额曲线交点即为盈亏平衡点，如图 5-9 所示。

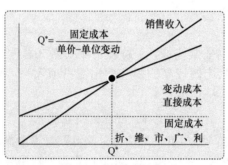

图 5-9　本量利分析

利润=销售额−变动成本−固定成本=单价×数量−单位变动成本×数量−固定成本

盈亏临界点销售量=固定成本÷（单价−单位变动成本）

例 5-1　根据图 5-9 可以分析出，用自动线生产 P2 产品合理吗？P2 销售单价 70 万元，原材料 20 万元，加工费 10 万元，折旧费 30 万元，生产线维修费 20 万元，市场广告费 50 万元，市场开拓及认证费用 50 万元，财务费用 10 万元，则

固定成本=折旧+维护+市场+广告+利息=30+20+50+50+10=160（万元）

变动成本=原材料+加工费=20+10=30（万元）

产品单价=70（万元）

盈亏平衡点销售量=160÷（70−30）=4（个）

以上计算结果表明：如果 P2 产品销量不足 4 个，本年度就亏损了。

企业盈利不佳是因为成本过高或产量不足,所以企业在从事经营活动过程中,应最大限度地缩小盈亏平衡点的销量或销售收入,尽量提高盈利销量,实现企业利润最大化目标。

四、杜邦分析法

杜邦分析法是一种比较实用的财务比率分析法,最早由美国杜邦公司使用。企业经营的根本是盈利,如何衡量经营的好坏呢?有两个最关键的指标,即资产收益率和净资产收益率(股东权益收益率),而净资产收益率是股东最为关心的指标。

而在实际生活应用中,杜邦分析法的基本思想就是将企业的净资产收益率逐级分解为多项财务比率乘积,用来综合分析和评价企业盈利能力和股东权益回报水平,有助于深入分析比较企业的综合经营业绩。

1. 销售净利率

在杜邦分析法中销售净利率却是最重要的,销售净利润反映了企业利润总额与销售收入的关系。提高销售净利率是提高企业盈利能力的关键所在。

$$销售净利率=(净利润\div销售收入)\times 100\%$$

2. 总资产周转率

总资产周转率是考察企业资产运营效率的一项重要指标,体现了企业经营期间全部资产从投入到产出的流转速度,反映了企业全部资产的管理质量和利用效率。有助于促进企业挖掘潜力、积极创造收入、提高产品市场占有率、提高资产利用效率。一般情况下,该数值越高,表明企业总资产周转速度越快。销售能力越强,资产利用效率越高。

$$总资产周转率(次)=营业收入净额\div平均资产总额$$

3. 权益乘数

权益乘数又称股本乘数,是指资产总额相当于股东权益的倍数。权益乘数越大表明所有者投入企业的资本占全部资产的比重越小,企业负债的程度越高,风险高;反之,该比率越小,表明所有者投入企业的资本占全部资产的比重越大,企业的负债程度越低,债权人权益受保护的程度越高,风险低。所以权益乘数用来衡量企业的财务风险。

$$权益乘数=资产总额\div股东权益总额$$
$$=1\div(1-资产负债率)$$

如图 5-10 所示,企业管理者可以直观地发现有哪些项目影响了销售净利率和总资产周转率,所以杜邦分析既涉及企业获利能力方面的指标(所有者权益报酬率、销售净利率),又涉及营运能力方面的指标(总资产周转率),同时还涉及举债能力指标(权益乘数),可以说杜邦分析法是一个三位一体的财务分析方法,进而帮助企业做出更好的经营决策。

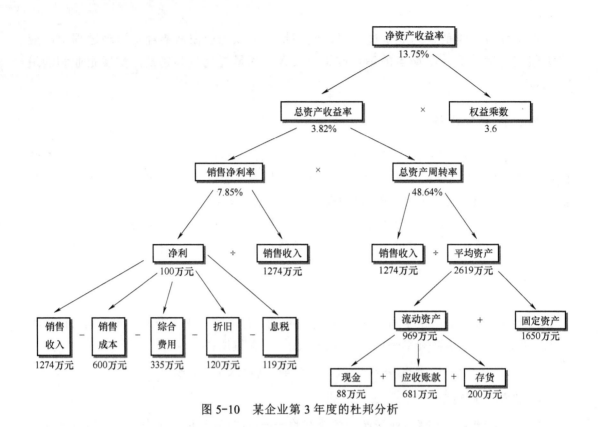

图 5-10 某企业第 3 年度的杜邦分析

任务 4 经营业绩衡量

在"ERP 沙盘模拟实训"课程中,企业评价如何接近企业的真实价值,并且反映企业未来的发展和成长性,需要集中体现在总成绩中。在综合考虑各方面因素的基础上,定义了企业经营业绩衡量如下:

$$总成绩=所有者权益×(1+企业综合发展潜力÷100)-罚分$$

最后一年若系统自动计算的成绩相等,则参照最后一年经营结束时间,先结束最后一年经营的队伍排名在前。

一、"成绩评价"思考的逻辑框架

对沙盘各小组比较"公正"的评价应当考虑两个方面的因素:

1)"利润"肯定是一个关键因素。盈利的"多与少"是各组模拟经营综合决策的客观结果。但也有许多学习者在经营的最后一年结束时,将生产线全部卖掉,由此增加了"额外收入"计入"利润"之中,从而使积分加大。此时若仅考虑"利润"就产生了偏差。

2)综合考虑企业的未来发展是另一个关键因素。企业的固定资产(生产线、厂房等),现金流状况(应收款、应付款、当前现金),市场份额(总市场占有率、各个分市场占有率),ISO 认证,产品开发等因素均应当综合考虑。

依据实践经验,对"积分评价"问题的思考逻辑框架如图 5-11 所示。

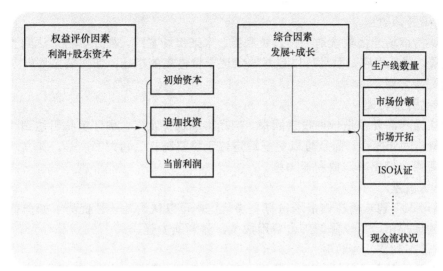

图 5-11 "积分评价"思考逻辑框架

二、权益评价因素分析

1)沙盘中各企业的权益结构很简单,所有者权益=股东资本+利润,利润是利润留存(以前年度未分配利润)与当年净利润之和。当然,利润越大,意味着"赚钱越多"。

2)股东资本是企业经营之初,所有股东投入的资金。但在训练中,有些小组由于决策失误,导致资不抵债(权益为负)且"现金资本断流"时,出于训练的"延续性"考虑,需要对其进行"股东资本追加"。此时该小组股东资本=股东原始资本+追加股东资本。追加了股东资本后,权益加大。此时如果还按照权益去计算积分,显然对于未追加资本的小组学习者而言是很不公平的。

3)变卖生产线增加的"额外收入"可以提高当年的"利润",这样的提高"积分"属于"投机取巧"。

由以上分析可以看出仅仅依赖"权益"进行考评,确实存在着"消极"和"不公正"因素。

三、综合因素评价分析

对各小组的综合因素评价,主要考虑企业未来发展的潜力,此时评价的前提当然是如果下年继续经营,考虑企业已存在的各种有形资产和无形资产。

1. 生产线数量

生产线数量决定了生产能力,生产线越多、越先进,企业未来的产能越大。

2. 自主厂房(已购买)数量

自主厂房越多,意味着企业固定资产规模大,未来生产经营中"租金"费用低,盈利能力强。

3. ISO 认证

ISO 认证可以认为是一种投资回报。未来有 ISO 认证需要的订单一般其价格和应收款期限都比较优惠,广告成本小,盈利能力强。

4．市场开拓数量

可以认为市场开拓数量是一种投资回报。未来市场宽广，拿订单易于达到"最大可销售量"数量，降低库存。而且可以更好地定位于价格高的市场，加快资金周转，降低广告费用，盈利能力强。

5．产品开发种类

可以认为产品开发是一种投资回报。产品市场选择宽广，拿订单易于达到"最大可销售量"数量，降低库存。而且可以更好地定位于价格高、毛利大的产品，加大"毛利率"，降低广告费用分摊比率，盈利能力强。

6．市场销量

"销量最大"意味着在该市场占有主导地位，可以认为是一种优势，如在有"市场老大"规则的情况下，可以降低广告费用成本，盈利能力强。

7．未借高利贷，为贴现

这方面体现的是以往的运营过程中"现金流"控制得当，财务预算与执行能力较强，财务成本较低。这样对未来的财务费用控制能力也可以有较高的预期。

项目小结

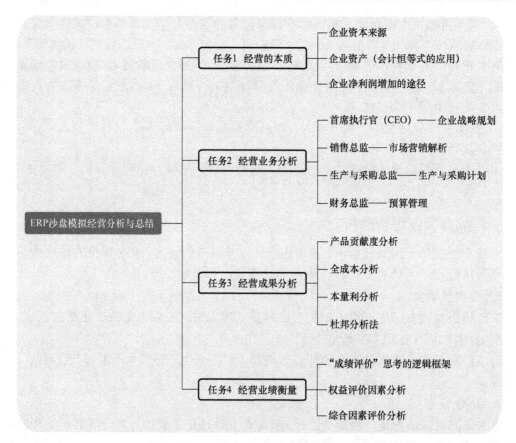

问题与思考

1. 如何经营好一家企业？经营企业应从哪些方面入手？
2. 影响企业盈利的因素有哪些？主要从哪几个方面去提高企业的利润呢？
3. 什么是杜邦分析法？杜邦分析法的关键指标有哪些？
4. 你有哪些心得或体会呢？谈谈今后你应该从哪几个方面改进，从而更好地经营企业？

项目六
经典案例分析及大赛经验分享

项目综述

在无数次的练习以及对抗中,我们往往会遇到这样一种情况:明明是同样的方案,别人往往能一路高歌猛进,而自己却濒临破产。本项目主要介绍高手制订方案的思路和方法以及赛后的经验和总结,该项目的学习是提升 ERP 沙盘模拟经营水平和能力的重要环节。

学习目标

- 学习如何进行规则分析。
- 掌握市场分析的要点。
- 了解经典方案的特点。
- 学习大神在比赛中的经验及总结。

重点与难点

规则及市场分析、竞争对手分析、战略选择及调整、经验与总结。

任务 1 经典案例分析

一、满贷 16 手 P1P2P3

在对抗中,手工线因为生产周期长而常常不被重视。但是,灵活地使用手工线有时却能够出奇制胜。手工线甚至一度被称为站在神坛上的生产线,现在就由一位大神带来他的满贷手工线操作讲解。

1. 规则分析

先简单介绍一下规则:初始资金 600 万元、3 倍贷款额度,厂房容量 4-3-2,大厂房的租/买价格为 44 万元/440 万元、中厂房的租/买价格为 30 万元/300 万元、小厂房的租/买价格为 20 万元/200 万元。生产线方面没有太大的变化,手工线建设资金 35 万元,10 万元折旧,5 万元维修费;自动线与柔性线为常规 150 万元和 200 万元建设资金。产品信息中 P1 的构成为 R1+R5,P2 的构成为 R2+R3,P3 的构成为 R1+R3+R4,P4 的构成为 P1+R1+R4,P5 的构成为 P2+R2+R3,需要注意的是 P5 的研发时间为 6 个季度(每个季度 10 万元研发费用），P1 的研发为 2 个季度，P2 的研发周期为 3 个季度。P1 与 P2 的成本相同都是 30 万元，P4、P5 的成本也相同都是 60 万元，材料方面多了一个 2 个季度的 R5（R5 的材料费为 10 万元）。

俗话说，操千曲而后晓声，观千剑而后识器。在介绍完规则后，我们就可以发现这套规则的特点：规则总体并没有太大变化，先说 R5，由于 R5 只用于生产 P1，并不用于其他产品的生产，这一点方便我们在计算产能时辨别是否生产 P1，因此多了一个 R5 的区别其实并不大。而从产品构成中我们可以看到 P2 与 P5 的构成材料比较相似，这点对于直接走 P2、P5 路线较为有利。最后我们看一下生产线，通过对比我们可以发现，建设一条手工线只需要 35 万元，比自动线、柔性线都要便宜，而手工线的生产周期为每 2 个季度生产 1 个产品，自动线、柔性线为每 1 个季度生产 1 个产品，即 2 条手工线与自动线、柔性线产量相等，而 2 条手工线的建设资金仍低于自动线、柔性线，从这里可以看出手工线比较有优势。

2．市场分析

介绍完规则我们再来说说市场，先看产品价格，表 6-1 是各个产品的平均利润表、图 6-1 是利润走势图。

表 6-1　产品单线加权平均利润表

年份 产品	第 2 年 （万元）	第 3 年 （万元）	第 4 年 （万元）	第 5 年 （万元）	第 6 年 （万元）
P1	39.80	41.19	26.55	27.03	42.92
P2	41.50	44.38	33.14	32.85	50.22
P3	50.13	44.39	42.76	45.31	57.78
P4	34.69	38.09	26.19	28.74	39.92
P5	38.08	39.41	26.52	28.95	39.71

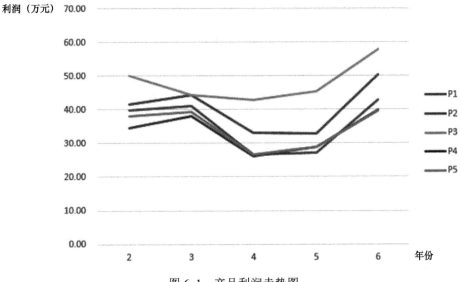

图 6-1　产品利润走势图

产品的价格波动一目了然，高开低走最后走高，可以看到第 4、5 年两年价格走低，那我们应该尽量避开这两年的低谷期，把握第 2、3、6 年的市场高峰期，同时可以注意到 P1、P4、P5 的利润差距并不大，而这套规则 P4、P5 的成本相同，只是产品组成不同，因此这套规则下 P4、P5 产品并没有什么明显的区别，而 P1、P2 虽然成本相同，但是价格却是有差别的，因此不管是初期还是后期，P2、P3 都是有优势的。

接着，我们再来看看本次比赛的需求量预测情况，见表 6-2。

表 6-2 产品需求量预测表

序号	年份	产品	本地	区域	国内	亚洲	国际
1	第 2 年	P1	105	89	0	0	0
2	第 2 年	P2	78	74	0	0	0
3	第 2 年	P3	46	38	0	0	0
4	第 2 年	P4	29	24	0	0	0
5	第 2 年	P5	21	24	0	0	0
6	第 3 年	P1	95	74	0	0	0
7	第 3 年	P2	59	0	55	0	0
8	第 3 年	P3	41	24	41	0	0
9	第 3 年	P4	0	48	28	0	0
10	第 3 年	P5	0	38	20	0	0
11	第 4 年	P1	68	68	47	0	0
12	第 4 年	P2	36	68	47	32	0
13	第 4 年	P3	44	16	20	18	0
14	第 4 年	P4	55	45	18	26	0
15	第 4 年	P5	69	53	0	20	0
16	第 5 年	P1	75	84	0	53	0
17	第 5 年	P2	51	0	47	31	39
18	第 5 年	P3	42	28	30	31	0
19	第 5 年	P4	0	37	29	0	26
20	第 5 年	P5	0	40	29	21	24
21	第 6 年	P1	80	0	47	57	0
22	第 6 年	P2	55	60	0	49	0
23	第 6 年	P3	40	32	31	0	35
24	第 6 年	P4	0	35	31	26	31
25	第 6 年	P5	0	35	27	24	31

我们对需求量表进行一些小的改动就可以得出表 6-3（将该产品今年所有市场的需求量相加即可得出其本年的总需求量，再将总需求量与本次比赛的组数相除即为各产品的平均可售产能，最后将 5 种产品的平均可售产能相加即可得出今年平均可以销售的产品数量，其他年份同理），通过表 6-3 我们可以看出每种产品的均可售产能，并结合各产品的利润判断是否有可能拥挤，同时我们也可以据此确定开局生产线及产能数量。

表 6-3　产品及年均可售产能表

年　份	产　品	总　数	组　数	单产品均可售产能	每年均可售产能
第 2 年	P1	194		6.47	
第 2 年	P2	152		5.07	
第 2 年	P3	84		2.80	
第 2 年	P4	53		1.77	
第 2 年	P5	45		1.50	20.88
第 3 年	P1	169		5.63	
第 3 年	P2	114		3.80	
第 3 年	P3	106		3.53	
第 3 年	P4	76		2.53	
第 3 年	P5	58		1.93	19.88
第 4 年	P1	183		6.10	
第 4 年	P2	183		6.10	
第 4 年	P3	98	30	3.27	
第 4 年	P4	144		4.80	
第 4 年	P5	142		4.73	34.53
第 5 年	P1	212		7.07	
第 5 年	P2	168		5.60	
第 5 年	P3	131		4.37	
第 5 年	P4	92		3.07	
第 5 年	P5	114		3.80	30.78
第 6 年	P1	184		6.13	
第 6 年	P2	164		5.47	
第 6 年	P3	138		4.60	
第 6 年	P4	123		4.10	
第 6 年	P5	117		3.90	32.20

通过观察每年的可售产能我们可以看到，前两年我们可以销售 20 个左右的产品，后三年我们可以销售 30 多个产品，这意味着我们每一年都可以销售许多产品，而且 P1、P2、P3 产品的需求量每一年都有很多。结合之前的利润表，我们可以得出前期的 P1、P2、P3 市场空间较大，且利润较高。由此判断，在总组数为 30 组的情况下，在 P3 全年高利润的诱惑下必然有一些人会铤而走险使用纯 3 方案，因此 P3 的竞争相对来说会比较激烈，想拿到 P3 的单子需要支付一些广告费用；而由于 P1 的利润并不是非常高，所以 P1 的市场绝对不会太挤；P2 的竞争力比 P1 强，因为 P2 的利润一直排在第二的位置，不过好消息是 P2 的数量比较多，因此销售 P2 难度不大；由于 P4、P5 的价格与利润均不太高，且前期需求量较少，所以我判断前期 P4、P5 的竞争不会太激烈，但我担心由于竞争不激烈，有人可能会通过高价竞单起飞。通过市场分析我们得出 P1、P2、P3 产品的发展前景较好，而结合规则我们得出手工线比较有优势，因此我选择使用手工线生产 P1、P2、P3 产品。为了弥补手工线产量不足的劣势，我选择使用 16 条手工线。综上，我的方案为 16 条手工

线生产 P1、P2、P3 产品，而开局的生产计划为第 1 年第 3 季度建设 16 条手工线生产 P1，为了弥补资金的不足，我在开局时使用了满贷，即长期贷款借了所有能借的钱。这么操作的原因如下。

1）本次比赛单子特别大，一个单子甚至有 5~8 个，吃 6 个市场吃满的概率很大。

2）我对满贷有这样一种理解：三年并一年，两年不怕库存。

3）销售 P1、P2、P3 不用担心现金断流的问题，即产即卖，不会断。

4）16 手只有 1、3 交，没有 2、4 交意味着一年可以当成 2 个季度来打，省心省力。

5）由于没有 4 交，不需要和其他组死磕广告拿为数不多的 4 交。

6）对于 16 手来说，1 账等于 0 账，3 账等于 2 账，会使贴息变少，财务费用不会太高。

7）市场第 4、5 年大幅度降价，可以通过换线来避开这个尴尬的期间。综上，就是本次我选择满贷 16 手的原因。

3. 实况回顾

第 1 年操作及思路：建设 16 条手工线，3 个季度全部生产 P1，并且研发 P1、P2、P3，留出 8 个 P2、9 个 P3 的原材料给第 2 年第 1 季度。为了完美应用手工线没有 2、4 交的优点，计算出最大广告额度——139 万元。这个广告额度会正好让我度过第 2 年第 1 季度的生产而使现金清零。

企业信息查询：通过查询企业信息发现与我一样的满贷组还有 3 组，不过他们一组是四柔四手开局，一组 4 手第 2 年 8 手开局没有利用好满贷的前期大产能优势，一组满贷 16 手全部产 P1 而他们研发的是 P1、P2、P3、P4、P5，即所有产品全部研发，这样他们只会面临两个问题，首先就是广告额度不够，会导致部分手工线被迫转到第 2、第 4 季度生产，其次是使自己的初始权益较低，未来弥补亏损的难度会较大。

做 P1 的一共 15 组，做 P2 的有 12 组左右，做 P3 的大约有 13 组。都不算拥挤，不过 P3 利润高，因此生产 P3 的组会有优势。

第 2 年操作及思路：由于我至少有 16 个 P1，所以我将广告分散，最后的结果是由于没有 4 交，1 交很多，我轻松拿到了 29 产能，库存 3 个，我用两个库存去生产 P3、一个 P1，争取下一年卖出去，并且由于第 3 年竞单，P1、P2 都有两张 5 数量，P3 有 2 张 6 数量，所以我第 2 年第 3 季度生产 4 个 P1、8 个 P2、4 个 P3，打算将一交全库去竞单。有这种心理的原因是竞单数量过大，大家短贷居多，很难以敢库存这么多来竞单，而我全是 1 交，有天然优势，当然我也得注意其他组是否有 1 交库存竞单。在第 2 年年末三表中，我的权益暂居第四，排名在我之前的有 2 组 P3、1 组满贷 4 柔 4 手。

第 3 年操作及思路：由于我决定一交产品全部库存，还留了 3 个上一年没有卖完的产品去竞单，所以我今年广告不需要太高，加之第 2 年大家过得都不算太好，拦截我等于自动放弃第一梯队的竞争，所以我的广告以水单为主，共计 72 万元。

用了这些广告，我算了留下竞单的产品数量，一共库存了 4 个 3 交 P2，4 个 1 交 P2，5 个 1 交 P1，6 个 1 交 P3。

在广告时，我留意了各个组 1 交情况，场上剩余 1 交几乎清空，我以近乎满价拍下了 5 个 P1，当然剩余的库存也全部以竞单吃完，最后有一个小失误，我算出对手留了 3~4 个 P1，所以最后一张 P1 打算近乎满价吃掉试一试，结果就吃到了，后来我发现，其实他是把 3~4 个 P1 拿去生产 P4 了，所以导致我最后利润小亏一点。由于订单基本都是 0 账，所以我提前买回了 3 个大厂房，提升了一些权益，同时由于第 3 年上交了税，而第 4 年利润又极低，所以我决定第 4 年开始换线，这一年我只订购了 10 条线的原材料。

由于竞单起飞，利润涨了 800 多万元，而在此时，4 个满贷组除了我以外全部由于各种原因阵亡，而第 4 年竞单和第 3 年竞单差不多，且市场开始走低，所以我第 3 季度生产 5 个 P2、11 个 P3。

第 4 年操作及思路：第 4 年开始，进入了市场利润下降期，我也是从第 4 年开始拆线换线，我留了 10 手材料，准备拆 6 手，拆少了下一年压力大，拆多了今年现金压力大，第 6 年折旧高。由于市场 P3 利润还较为客观，因此以砸 P3 广告为主，P2 由于指望竞单而没有去投放很多广告，共 143 万元的广告。

在我进行 P3 竞单的时候，发现由于今年只有 P3 的利润还可以，导致大量的组进场 P3，迫使原本生产 P3 的组大量库存，而为了将 P3 销售出去，大家都开始压低竞单价格，甚至 P3 的第一张 6 个数量的竞单低至 490 万元。

我有些慌。所以第二次 1 交我被迫低于市场价，75 万元一个 1 交 4 账出价。结果发现市场极为残酷，我今年没竞到单，库存 4 个 P2、2 个 P3，目前全场权益第一，而权益第二为 4 柔 4 租开局，与我权益差距 200 多万元，我的线最好。

此外，我还研发了 1 次 P5 准备第 6 年看看能否进场。之所以不研发两次做出 6 年 1 交 P5 是因为第 5 年是拆线+低利润年，产品库存会有很大概率出现利润大幅亏损甚至出现权益为负、资不抵债的情况，不敢尝试。全场第一，认为胜券已经在握，开始得意扬扬。

第 5 年操作及思路：第 5 年我有 34 个产能，分别是"6 柔+10 手一交+上年库存"。本年没有竞单，产品无法在市场上销售出去就会成为库存，且我有 6 个 4 交，所以我将广告额度略微提高，达到了 179 万元。

本年拆 10 手换 10 柔。

最后的库存是 2 个 P3，将权益上涨到 1960 万元，全场权益第一，看了一下全场权益第二的竞争对手，他的厂里有数不完的租赁线，没有机会拆除，所以我认为，完胜近在眼前。

而且下一年由于我长贷还款 900 万元，所以年初长贷为 2100 万元，因此我预留了 700 万元的原材料，R1、R2、R3 分别有 16 个以应对所有产品。

第 6 年操作及思路：第 6 年期初投广告时，由于现金不足，所以我贴现了一个厂房，而我们算一算第 6 年的产能，10 条柔性线 30 个，6 条柔性线 24 个，去年有 2 个 P3 的库存，总计 56 个，而最后拿一张满价的 P4 是为了压制排名第二的对手，因此实际订单有 60 个，由于最后一年 P3 的利润虚高，所以很多人挤了进来，而市场上我也只卖了 15 个，我更是一个没吃到竞单的 P3，因为竞单 P3 的人超级多，竞单直接按白菜卖，竞单 P2 的人倒不是很多，做 P1 的人都去 P4 了，所以 P1 压根没人，因此我抢到了很多高价的 0 账 P1，我在市场上吃了 24 个 P2，当然在竞单的时候有一个技巧，就是第一单，很多人会观望，这时候你出一个高价，有很大的机会能竞单成功。

总结：这套方案思路长贷拉满 16 手，前三年当一年打（争取前三年交上税），低广告，哪里空往哪里钻。

二、短贷 4 柔 4 租 P2P5

沙盘有许多种打法，特别是高手都有自己的打法，如广告压制打法、产能爆发打法、稳固权益打法等，今天我们就来介绍一种比较简单粗暴的 25 打法。

1．规则分析

我们还是先简单看看规则，这次的规则没有太过为难比赛选手——基本没有太大变化，初始资金 600 万元，3 倍贷款额度，厂房容量 4-3-2，大厂房租/买价格为 40 万元/400 万元、中厂房租/买价格为 30 万元/300 万元、小厂房租/买价格为 18 万元/180 万元。生产线方面手工 35 万元、自动 150 万元、柔性 200 万元，只有租赁线略有不同，租赁线转产需要 20 万元转产费用及 1 个季度的转产周期，维修费 65 万元，残值只需要 65 万元，一般的规则租赁线维护与残值都是 80 万元上下。维护及残值均较低，因此前期使用租赁线会有较大的优势，而且后期将租赁线换成其他线的费用也不高。我们可以简单计算一下，当自动线开始折旧时，它的费用为维修费 20 万元/年+折旧费 30 万元/年=50 万元/年，而租赁线每年需要 65 万元的维修费用。两者相差并不多，然而自动线建设需要高额的投入，租赁线却没有这个顾虑，那么这样看来在前期租赁线的优势会比较大，而后期由于自动线有小分的计算，因此在中后期自动线会比较有优势。最后介绍产品信息 P2 产品构成为 R2+R3，P5 研发费用为 12 万元×5 个季度研发周期。

2．市场分析

表 6-4 是产品平均利润表、图 6-2 是产品利润走势图。

表 6-4　产品单线加权平均利润表

年份 产品	第 2 年 （万元）	第 3 年 （万元）	第 4 年 （万元）	第 5 年 （万元）	第 6 年 （万元）
P1	30.94	32.41	31.34	31.13	30.95
P2	42.17	42.04	41.42	40.98	42.41
P3	50.41	51.69	49.97	50.54	50.58
P4	36.27	35.93	35.02	35.49	35.63
P5	46.57	45.19	45.90	45.97	45.91

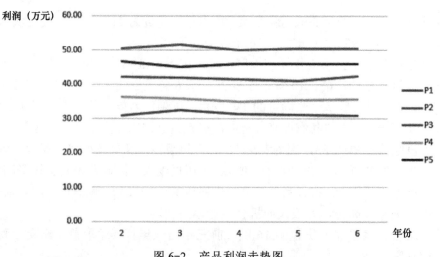

图 6-2　产品利润走势图

我们发现相似产品之间的利润差距并不大,如 P1 和 P4、P2 和 P5 之间的利润差距并不大,而 P3 的产品利润一直居高不下,这点需要我们特别注意,同时由于 P3 与 P5 之间利润差距并不大,因此很容易被 P5 利用广告及竞单扳平优势。而通过图 6-2 我们也可以看出产品的总体走势也没有太大的变化,走势很平稳。所以,结合利润表与走势图我们可以得出"高利润产品的优势较大"的结论。

表 6-5 为本次比赛需求量预测表。

表 6-5　产品需求量预测表

序　号	年　份	产　品	本地(个)	区域(个)	国内(个)	亚洲(个)	国际(个)
1	第 2 年	P1	44	67	0	0	0
2	第 2 年	P2	49	55	0	0	0
3	第 2 年	P3	49	49	0	0	0
4	第 2 年	P4	22	38	0	0	0
5	第 2 年	P5	26	22	0	0	0
6	第 3 年	P1	56	54	52	0	0
7	第 3 年	P2	54	54	38	0	0
8	第 3 年	P3	53	51	56	0	0
9	第 3 年	P4	51	42	54	0	0
10	第 3 年	P5	44	40	36	0	0
11	第 4 年	P1	54	42	53	49	0
12	第 4 年	P2	38	46	45	45	0
13	第 4 年	P3	47	45	60	51	0
14	第 4 年	P4	47	32	39	58	0
15	第 4 年	P5	46	38	49	45	0
16	第 5 年	P1	37	0	42	45	0
17	第 5 年	P2	0	52	42	67	46
18	第 5 年	P3	58	39	44	47	60
19	第 5 年	P4	47	32	42	35	50
20	第 5 年	P5	50	37	47	45	52
21	第 6 年	P1	51	0	35	46	43
22	第 6 年	P2	46	45	43	45	31
23	第 6 年	P3	66	39	0	61	47
24	第 6 年	P4	52	51	43	0	55
25	第 6 年	P5	45	43	32	36	54

产品及年均可售产能表,见表 6-6。

表 6-6　产品及年均可售产能表

年　份	产　品	总数(个)	组　数	单产品年均可售产能(个)	每年年均可售产能(个)
第 2 年	P1	111	20	5.6	
第 2 年	P2	104		5.2	
第 2 年	P3	98		4.9	
第 2 年	P4	60		3.0	

(续)

年 份	产 品	总数（个）	组 数	单产品年均可售产能（个）	每年年均可售产能（个）
第2年	P5	48		2.4	26.5
第3年	P1	162		8.1	
第3年	P2	146		7.3	
第3年	P3	160		8.0	
第3年	P4	147		7.4	
第3年	P5	120		6.0	50.1
第4年	P1	198		9.9	
第4年	P2	174		8.7	
第4年	P3	203		10.2	
第4年	P4	176		8.8	
第4年	P5	178	20	8.9	64.2
第5年	P1	124		6.2	
第5年	P2	207		10.4	
第5年	P3	248		12.4	
第5年	P4	206		10.3	
第5年	P5	231		11.6	72.7
第6年	P1	175		8.8	
第6年	P2	210		10.5	
第6年	P3	213		10.7	
第6年	P4	201		10.1	
第6年	P5	210		10.5	71.0

从表6-6的年均可售产能可以看出，每年我们都可以销售非常多的产品，从第2年的26个产品（8条线也不过24个产品，因此第2年可以8条线开局）到第6年的71个产品（16条线也不过64个产品，由此看来这个市场完全可以铺满16条线），因此这次的市场只有一个特点——宽松。既然市场这么宽松，那我们最好在初期就选择产能较大的方案，虽然市场宽松，但我判断由于P3利润一直居高不下，因此P3产品的竞争会较为激烈。所以我选择避其锋芒，选择利润排第二的P2、P5产品，既然初期产能较大，那我们就用4柔4租生产P2、P5。

3．实况回顾

第1年操作及思路：买一个大厂房建4柔。这里需要说明一个贷款的技巧，即短贷集中在首尾两季，这样在第一季就有足够的钱买厂房（本操作风险较大）。研发P2、P5，同时订购8个P2的原料（注：第4个季度时也订购8个R3，避免P5过度拥挤而产生库存）。

第2年操作及思路：通过巡盘得出生产P5的人并不多，每个市场都投了20万元的广告，卖了8个P5、4个P2，净利润近200万元，缴纳2万元企业所得税，同时调整了上一年多订购的原料，并计划下一年建4柔。（做完回头看，还是有不少失误的，首先是第4季度的贴现，为了准备投放广告的资金，完全可以等到广告投放时再进行贴现；其次是没有看清市场，下一年年均可售50个，而我只有32个，完全没有跟上节奏，导致后几年节奏太慢；最后是上一年广告投放偏多，可以节省20万元左右的利润。）

第 3 年操作及思路：第 3 年是我起飞的一年，因为我销售了 16 个 P5，还抢到了 1 张满价的竞单，本年结束权益 1041 万元，下一年计划再上 4 柔，满线！（此处出现一点失误，没有算清楚对手的产能，竞单时最后一张 3 个 P5 没人抢，我满价抢来却产能不足，只能紧急采购交单。）

第 4 年操作及思路：第 4 年我犯了一个非常严重的错误，我的生产线为 12 柔 4 租，本着捡小分的原则，下一年计划拆租赁上满 16 柔。想法不错，但我在第 4 季度忘记拆租赁线。结果下一年拆线多交了 260 万元的维护费用。本年利润较为可观，170 万元销售了 46 个产品，净利润 564 万元，从第 4 年开始渐渐有人进场 P5，因此 P5 的广告额度开始上升。

第 5 年操作及思路：由于第 4 年忘记拆租赁，而本年又有上线计划，因此只能本年拆线上柔，本年 246 万元广告销售 24 个 P5，由于换了 4 条线，所以净利与第 4 年相差不大。销售收入 3700 万元，由于上一年有 564 万元的净利润，本年贷款额度增加了 1700 万元，因此大手一挥，区区 1600 万元，4 个大厂房动动手指就到手了。开始我想着 16 条线卖 P5，后来想想不行，其他做 P5 的不傻，所以我放几条线去做 P2。好，下一年 6 条线做 P5、10 条线做 P2，就这么决定了。

第 6 年操作及思路：最后一年我卖了 27 个 P5、14 个 P2，竞拍吃了 7 个 P2，7 个 P2 均价 40 万元吧，所以奉劝大家一句，最后一年的竞拍叫"菜市场"，能别去还是别去了。本年净利 756 万元，这里我要把第 5 年亏的 260 万元拿回来说事了，最终结果我和第一名的总分相差 1000 万元左右，而我们的小分是一样的，而总分计算大概是权益×4，所以 260 万元×4=1040 万元，意思是我只要不亏这 260 万元，总分和第一名是差不多的。最终我因为这个严重的失误屈居第二。

总结：这套方案开局较为灵活多变，可卖纯 P2，也可卖纯 P5，当然 P2、P5 都卖也并无不可。而且开局产能较大，需要注意的是初期对于财务的要求较高！

三、短贷 3 柔 2 自 P1P4

在沙盘界有这样一种说法，做 P1 的是没梦想的咸鱼，做 P4 的是有梦想的咸鱼，即使你翻身了还是一条咸鱼。为什么会有这种说法呢？因为 P1、P4 的操作难度太高，所以玩得好的人很少，渐渐地大家就认为 P1、P4 没什么"钱途"。真的是这样么？今天就由一位做 P1、P4 的高手带来关于 P1、P4 的比赛方案分享。

1. 规则分析

630 万元开局，3 倍额度，厂房容量 5-3-2，大厂房租/买价格为 45 万元/420 万元，可容纳 5 条生产线，一般的规则条件下大厂房租金 40 万元，容纳 4 条生产线，通过等比推算，容纳 5 条生产线就需要 50 万元的租金，而本次比赛大厂房只需要 45 万元租金，因此相对来说较为便宜。最小的单广告额为 5 万元（一般的广告都是 10 万元起步，每多 20 万元则多一次选单机会，而这次比赛只需要多 10 万元就可以多一次机会，便宜了一半的钱）。总的来说，这套规则比一般的规则节约费用，因此对于低费用的方案较为有利。

2. 市场分析

表 6-7 为产品平均利润表、图 6-3 为产品利润走势图。

表 6-7　产品单线加权平均利润表　　　　　　　　　（单位：万元）

年份 产品	第 2 年	第 3 年	第 4 年	第 5 年	第 6 年
P1	30.66	30.19	27.95	30.81	29.25
P2	39.54	38.57	40.04	40.80	39.78
P3	47.46	44.16	40.64	40.59	47.18
P4	38.33	36.79	33.44	36.19	39.01
P5	40.35	42.15	43.43	49.36	49.96

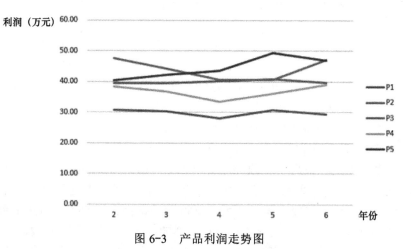

图 6-3　产品利润走势图

通过观察我们发现，P4 产品的总体利润虽然不高，但在开局与其他产品并没有太大的差距，直到第 4 年 P4 产品才开始走低，因此我们判断在开局走纯 P4 方案具有一定的可行性。

表 6-8 是本次比赛的需求量预测表。

表 6-8　产品需求量预测表

序号	年份	产品	本地（个）	区域（个）	国内（个）	亚洲（个）	国际（个）
1	第 2 年	P1	51	39	0	0	0
2	第 2 年	P2	35	33	0	0	0
3	第 2 年	P3	28	27	0	0	0
4	第 2 年	P4	24	22	0	0	0
5	第 2 年	P5	16	16	0	0	0
6	第 3 年	P1	44	37	32	0	0
7	第 3 年	P2	38	34	34	0	0
8	第 3 年	P3	25	26	33	0	0
9	第 3 年	P4	23	21	20	0	0
10	第 3 年	P5	17	14	18	0	0
11	第 4 年	P1	38	35	36	0	0
12	第 4 年	P2	36	31	34	29	0
13	第 4 年	P3	26	23	30	27	0
14	第 4 年	P4	25	22	21	19	0

(续)

序号	年份	产品	本地（个）	区域（个）	国内（个）	亚洲（个）	国际（个）
15	第4年	P5	15	16	0	15	0
16	第5年	P1	37	31	33	0	43
17	第5年	P2	34	30	32	25	0
18	第5年	P3	25	24	29	22	17
19	第5年	P4	20	21	18	16	0
20	第5年	P5	16	15	0	14	12
21	第6年	P1	34	25	28	0	45
22	第6年	P2	31	24	28	21	0
23	第6年	P3	23	0	28	22	23
24	第6年	P4	19	18	17	15	0
25	第6年	P5	14	14	0	13	15

产品及年均可售产能表，见表6-9。

表6-9 产品及年均可售产能表

年份	产品	总数（个）	组数	单产品年均可售产能（个）	每年年均可售产能（个）
第2年	P1	90		5.63	
第2年	P2	68		4.25	
第2年	P3	55		3.44	
第2年	P4	46		2.875	
第2年	P5	32		2	23.0625
第3年	P1	113		7.0625	
第3年	P2	106		6.625	
第3年	P3	84		5.25	
第3年	P4	64		4	
第3年	P5	49		3.0625	33.0625
第4年	P1	109		6.8125	
第4年	P2	130		8.125	
第4年	P3	106	16	6.625	
第4年	P4	87		5.4375	
第4年	P5	46		2.875	38.1875
第5年	P1	144		9	
第5年	P2	121		7.5625	
第5年	P3	117		7.3125	
第5年	P4	75		4.6875	
第5年	P5	57		3.5625	40.375
第6年	P1	132		8.25	
第6年	P2	104		6.5	
第6年	P3	96		6	
第6年	P4	69		4.3125	
第6年	P5	54		3.5	36.375

本次比赛组数为16，P4单个市场订单在8个左右，而P4产品利润不高，因此预计做P4产品的人数并不会太多，同时我们可以看到P1的需求量一直偏高，即使开局P4市场拥挤我们也可以转型做P1。由此看来，P4产品的方案具有一定的可行性。由于广告额度较一般规则低，所以较低费用的方案生产P4产品实际上仍然是有利可图的。而我们观察上表，通过第2年的年均可售产能可以判断我们平均销售23个产品，即大致相当于8条线的产能。因此我们确定本次比赛的市场较为宽松，确定方案时，一般要与下一年的年均可售产能大致符合。综上，我们选择P4方案。

3. 实况回顾

第1年操作及思路：使用3柔2自开局，为什么选用这套方案？因为第2年直接跳P4产品，肯定需要使用柔性线来支撑，而多的一条柔性线可以保证能多出两个P4产品，例如，2自2柔能产出4个P4产品，而2自3柔可以产出6个P4产品。多销售2个P4的巨大优势自然十分明显。

第2年操作及思路：在第2年选单时，出现了一个失误，我多拿了一张P4，总计7个P4。经过精确的计算，我们确认紧急采购比违约要少亏损一些，因此我们选择了紧急采购，最终权益只上升了142万元，却导致我们多损失了60多万元的利润，现在看来这是得不偿失的，所以大家也要注意在比赛中绝不要犯这样的错误。而在第2年巡盘时，我们发现生产P3的只有一个队伍。为了压制P3，我们决定下一年扩5自动进场P3。

第3年操作及思路：本年扩5自动进场P3，同时由于积累了两年的资本，我们交上了企业所得税，同时由于和另一组配合的原因，我们没有进P2、P5的打算。第3年交税，这个节奏基本正常。

第4年操作及思路：第4年扩3自动提升P4的产量，同时开始量产P3。毋庸置疑，许多人也注意到了P3，本年P3遭遇多达8组的竞争，意味着有一组会没有订单，而第4年的竞单会也开始变得较为激烈，我们以131万元的价格才勉强拿到2个P3竞单。第4年的竞单已经异常激烈了，我能想象第6年的局势，必定是山雨欲来风满楼。

第5年操作及思路：终于迎来了利润的爆发期，13条线爆发出的产能终于使我们的净利润突破了500万元，在巨额利润的鼓舞下，我们树立了本年建设5条柔性线的目标，初步确立了满线的计划，但是我们发现，似乎所有的市场都比较拥挤。一个队友提出：不是还有竞单么？第6年有一张10个P1的竞单，我们只要调整好交货一定就还有希望。在调整了生产计划后，我们对这张竞单志在必得。

第6年操作及思路：第6年广告500万元、产品销售4300万元，相对来说第6年的广告已经处于一个较低的水平了，第6年广告普遍为800万元～1000万元。而我们明显实现了低广告销售的壮举，第6年利润为700多万元，权益定格在了2027万元，为了保住另一组队友的第一名，我们拦截了排名靠后的几个对手，最终也实现了分值排名第二的小目标。

总结：P1、P4产品由于利润相对偏低，不宜投入太多的广告费用，应当以低费用的策略为主，即降低一切可以降低的成本。

任务 2　大赛经验分享

一、福建省 ERP 沙盘模拟经营大赛经验总结

福州作为近代中国船政文化的发祥地，自然拥有悠久的文化底蕴。来自全省百所高校的企业模拟经营沙盘比赛在历史名城福州展开，让我们跟随着选手们一起踏入这个没有硝烟的战场。

1. 赛前分析

组委会公布了比赛的规则和预测后，我们对规则和市场进行了详细的分析，列出了许多种可行的方案。

经历了数天方案推演之后，我们总结出以下情况。

P3 产品前期利润极高、市场需求量大，是这次市场的"万金油"产品（利润高、需求多、不怕投入广告、即使投入广告仍然拥有较高的利润，吸引大家趋之若鹜），虽然后期需求量逐渐减少，但是只要配合 P1 或者 P2 这种成长型产品做一些调整，是一条非常稳健的发展之道，但如果大家都看好这套方案，那么势必会造成非常惨烈的恶性竞争，可能是所有人全盘皆输的结果（这也是大家开局都喜欢使用 P1P3、P2P3 作为开局产品的原因）。

而相比较起来，P4、P5 产品的利润不但没有 P3 那么丰厚，而且市场需求量，特别是初期的需求量少得可怜，如果不能有一个很好的销售方案支持，将会有资金断流的风险，即使配合低端产品分担销售压力，仍然存在很大的风险，但只要挺过第三年，有竞单高价起飞的优势及后期随着各个市场对产品需求开始放宽，发展前景会非常诱人。

由于省赛中将生产线的维修费设置成每年 25 万元/条，直接打压了前期本就不多的利润空间，因此在初始资金比较紧张的情况下，前期不可能同时生产 P3+高端产品（由于高端产品需要低端产品作为原料，因此高端产品相当于两种产品），这就意味着必须在决策之初就做出一个明确的产品选择，究竟是选择最诱人的 P3 呢？还是选择直接跳高端在竞单中搏一把，或者选择低费用走纯低端路线。

我们讨论了很久，迟迟不敢轻易决断。为了做出合理决策，我们又对市场容量进行了测算，由于前期 P4、P5 的市场需求不大，发现如果有 5 家以上做 P4、P5 产品，第 2 年就会出现产品滞销，这时直接走高端产品的风险就会极高。同时，如果有超过 15 家以上做 P3，由于竞争太过激烈，则 P3 的风险会非常大。分析后，我们最终决定，采取冒险搏 P3 的方案。方案定了，如何最大限度地保证 P3 方案的成功实施呢？能够进省赛的队伍，大部分都是具备相当实力的，大家都会在比赛前做足准备，那也就意味着，我们分析的 P3 或者 P4、P5 方案在别人眼里也是同样的两难选择。

兵者，诡道也。比赛在即，各个队伍都对自己的方案讳莫如深，生怕被别人知道。而我们反其道行之说不定会有奇效。因此我们故意讨论得很大声，让声音传播出去，使很多人知道我们使用 8 自动纯 P3 的方案。也许有很多人生产 P3 产品，但是有部分人知道我们走大产能 P3 路线后会因此而退却，这样我们就相当于消灭了一部分潜在的竞争对手。

另一方面，我们还做了两手准备，虽然我们非常高调地宣扬自己的方案，但我们实际的预算方案是 6 自动 P3，而且并没有进行实际的点盘操作，虚则实之，实则虚之。通过

平时的高强度训练,我们在第一年操作的速度有了极大的提升,完整点完第一年的盘面不会超过 5 分钟,因此,我们决定先等别的组操作,当剩余最后 20 分钟时,使用系统的查询企业信息操作来提前获得其他选手的信息,如果能提前获得其他选手的企业信息,就有很大的胜算打赢这一场比赛。通过提前预知其他选手的企业信息,我们可以得出市场产品是否拥挤,并根据拥挤程度讨论是否需要调整方案。正如我们所料,总有许多人看着高价竞单眼红,因此高端产品方面的竞争极为激烈,第 2 年出现 P4、P5 每个人都只能拿到一张订单的情况,后来随着竞争进入白热化阶段,广告额也不断提高,甚至发生投 50 万元的广告费都没有机会拿到一张订单的情况,这是后话。

通过先发制人的战略我们获得了开局的优势,但也仅仅只是小有优势,如何把优势转化成胜势才是我们需要努力思考的。

都说一个好的开局等于成功的一半,正当我们欢呼雀跃的时候,噩耗袭来——市场中埋伏下了一张利润相当可观的 2 个季度交货的 P3 订单,而比赛规则中 P3 的研发周期为 5 个季度,第 2 年的第 2 季度 P3 产品还在生产线上,即无论如何都无法在第 2 年的第 2 季度交货(简单地说这是一张无法完成的订单,简称废单)。这是一个很简单也很明显的陷阱,甚至在比赛规则中都有明显的提示。可偏偏在关键的时候,意外发生了,我们在第 2 次选单的时候选了张 2 个 P3、总价 210 万元、交货期为 2 个季度的订单,结果因为无法交单,要缴纳 42 万元的违约罚款,而且必然导致今年会出现产品的库存,这对一个 600 万元初始权益的公司来说,无疑是晴天霹雳。更何况是在省赛这样高手云集的比赛环境中,任何一点小小的失误都会导致最后的失败。意外的发生令整个团队突然陷入了沉默,虽然每个人的心情都异常沉重,但是关键时刻,队员们没有一句埋怨,没有一丝气馁,"没关系,我们继续!"一句简单的话语令我们重新振作起来。

在区域市场里,我们拿到了最大的 4 个 P3 的订单,由于没有顺利拿到 12 个 P3 的订单,只能对原来还需投资一期的 6 条全自动线,继续投资其中 5 条,这样就可以使一条生产线少交一年的维修费。我们的财务将原来的现金预算重新推演,调整了长短贷的比例,减少了我们原先预计的财务费用等。通过这次失误,我们比原先更严苛地要求自己,每省下 1 万元的费用都会让我们兴奋不已。

也正是有了这一挫折,使我们的团队凝聚力空前强大,让我们在后面的比赛中,无论是计算、操作还是团结协作,都做到了零失误。

危机过后,虽然我们一直努力追赶,但毕竟出师不利,所以我们目前的成绩只能在中游徘徊,如果没有奇迹发生我们只能与今年的冠军奖杯失之交臂。

时间来到第 6 年,本届省赛最具有不确定性的竞单模式即将开启。

这是我们最后的机会,必须要牢牢把握。但怎么合理安排产能,怎么合理填报价格等竞标参数,成了我们首先要思考的问题。巡盘一开始,我们团队五个人分组进行所有公司的信息搜集,从产能、库存到现金、贷款,甚至连对手的采购计划也逐一记录。然后在短短的 5 分钟内,将各家公司的信息进行汇总,分析出主要的竞争对手再通过对其产能的分析,以知晓竞争对手公司的产能及交货期,然而仅仅只了解竞争对手的情况就令我们有些心灰意冷。通过计算所有竞争对手产能加自己的产能,所得总和已经超过了市场的总需求,意味着市场上已经处于供大于求的状况(这也是 P3 产品竞争一直处于白热化状态的体现),甚至有近半的公司都使用 6 条以上的自动线生产 P3,产能高得吓人,面对这样疯狂的市场搏杀，如果没有好的销售策略，一切都只是空谈（可以预见，竞单市场上的竞争也不会太轻松，所有妄图高价出货的想法都是镜花水月）。面对这样激烈的市场，我们因时而变，调整原先预计参与竞单的计划，改为通过高额广告在市场上争取销售完所有产品。

最终我们通过 708 万元的广告销售完大部分产品（只库存了 4 个 P3 被迫参与竞单），我们心情忐忑地等待着竞单，毕竟我们虽然完成了大部分销售计划，但如果有人凭借竞单起飞我们也无力阻止。第一张单中 4 个 P3 我们出价 379 万元，这个价格略低于市场价，我们没有太大信心能够抢到这张单。看到这张单最终是我们拿到后，我们终于松了一口气。虽然我们已经完成了销售计划，但我们还在继续关注之后的竞单，害怕有人依靠竞单突然起飞。最终其他产品价格都偏低，没有人高价拿到竞单。竞单会结束了，但这并不是结束，我们还有最后一年的预算及操作，如何权衡利弊使最终得分实现最优也是非常重要的一个环节。最终通过在市场上完成销售的优势，我们的成绩挤进了第一梯队（第三名）。

2．赛后反思

总的来说，这次比赛我们学到了很多东西：

1) 在比赛中要有一群相信你的伙伴，正如我们在开局的选单失误，只有患难才见真情，如果是草草组建起来的团队在出现失误时，可能已经在互相指责和抱怨了，如果出现这种情况我们一定会早早破产、匆匆离场。幸运的是，我们有一个互相信任的团队，在出现失误后我们相互鼓励并寻找解决问题的方法，最终我们一起走到了最后，还拿到了第三名的好成绩。

2) 在高手的较量中容不得半点失误，一点小小的失误就可能通过"蝴蝶效应"不断放大形成不可逆转的劣势。而其余高手也会抓住这一点小小的优势，不断进行"滚雪球"，将优势转化成为胜势，这也是我们最终没有取得冠军的主要原因。

3) 通过与其他高手进行切磋，我们也学到了很多实用的小技巧和经验，例如，通过竞单调整原来订单的账期和交货期、在竞单中低价抢单违约、在选单中进行交货期压制等，本次比赛收获颇丰。

二、浙江省 ERP 沙盘模拟经营大赛经验总结

今年浙江省大学生企业经营沙盘模拟高职组竞赛在浙江某高校展开，本次比赛相较之前有些许不同。

➢ 租赁线维护费 75 万元/年，但是无法随意进行转产，转产需要缴纳 25 万元的转产费用及保障 1 个季度的转产周期，其可以先使用，年末支付维护费，且不用安装周期，优势较大，对初期扩大产能作用非常大，此次比赛以{总成绩=所有者权益×（1+企业综合发展潜力÷100）−罚分}作为最终评分依据，租赁线是没有小分的，但没有安装周期的特点，有利于大量销售产品提高所有者权益，因此后期在有一定权益的情况下，换线是必然的选择。

➢ 有选单、竞单（第 3、第 6 年）两种市场方式，且两种市场同时选单，竞单的存在使比赛出现许多不确定因素，第 3 年有部分选手可能会拿到高价竞单而一骑绝尘。

➢ 在比赛前不给规则及市场预测，而在比赛时直接给详细订单（包括选单和竞单）及规则，对于不熟悉详单的选手会有较大的比赛难度，考验选手的临场应变能力。

➢ 比赛过程中运营时间较短，对于选手的团队合作能力及综合能力是一种较大的考验。

总的来看，本次比赛市场容量较宽松，破产队伍较少，每个赛区（13 支队伍）不超过 2 支。

1．赛前分析

比赛经验告诉我们，取胜的基础是要制订一个好方案，很多人会问，如何才能做出好的方案呢？我们认为，好的方案需要综合考虑各方面的因素，例如，规则的不同、市场的特点、资本的逐利、心理的博弈等。只有将这些方面都综合考虑才能得出一个较优的方案。

在沙盘模拟比赛中，强行选择 P3 破产的事例不胜枚举。资本都是逐利的，高利润的产品必然会让人趋之若鹜，这也会导致产能过剩，销售困难，广告额加大，利润空间变少，因此做方案时我们常会问自己，毛利高的产品我们做不做呢？

我们根据详单做出了如下判断：

> P1 产品需求量虽然大，但毛利偏低，只适合前期进行过渡时使用。
> P2 产品需求量先增后减，毛利居中，适合前期进行稳健发展使用。
> P3 产品毛利较高，且比较平衡，前期需求量较少，第 4 年剧增，适合第 4 年突破发展时进行使用，前期使用可能会造成销售困难，正常情况下不适合在前 3 年使用。
> P4 可以看成是 P1+P2，其毛利与 P1、P2 之和比并不占优势。前期需求量较大，后两年有所下降。
> P5 可以看成是 2 个 P2，其毛利与 2 个 P2 比有优势，且逐年上升，仅第 6 年略有下降，但其需求量前期严重偏少，所以只适合后期突破时使用。

看起来似乎 P2、P3 发展前景不错，而 P5 需求量又偏少，P4 由于需求量较高因此做的人估计不会少。兵法云：以正和，以奇胜。想要获胜就要不走寻常路、奇兵突出。因此在制订战略时，我们确定了 4 柔 4 租走纯 P5 的奇兵战略。

2．比赛过程

比赛开始时，我们很低调，尽量避免被"枪打出头鸟"。果然，第 2 年通过查询企业信息得知 13 个队伍中只有 2 队生产 P5，而另一组由于害怕 P5 过于拥挤，产能也不多。因此选单时非常轻松，我们以 40 万元的广告费就把货出完，然而 P3 的状况比想象的要"和谐"，只有 6 组投入生产，这导致生产 P3 的队伍发展速度不会比我们慢。

接下来第 3 年准备再生产哪种产品，成为最关键的问题。我们认为，既然第 2 年 P3 竞争不激烈，那肯定会有其他未生产 P3 的组会反思自己的决策，随之会加开租赁线生产 P3。鉴于此，我们决定避开风口浪尖，继续扩大生产规模生产 P5，把所有 P5 剩余的需求量全部吞下。让其他组在 P3 市场再挤一下，往后我们就可以去拓展新市场了，果然，第 2 年增加了两组生产 P3，并且有 3 组生产 P2 的组研发了 P5，此时我们开始思考自己方案未来的走势。中午吃饭的时候，我们去了解了其他几个赛区的巡盘情况，都是有 6 组左右在做，相比他们，我们区 P3 显得不太和谐，这样我们的机会就更大了。

第 3 年我们计划是建 2 自 2 柔继续走纯 P5，原来 P5 只有 2 组生产，可以在竞单上多出货，而且价格与交货期都会比较有利，这样对后期的发展极有帮助。但是害怕被另一组拦截，因此留了一小部分的产能（4 个 P5）给竞单会。

2018 年的 P5 广告，我们只投了两个市场，而且都是 10 万元，仅仅是为了在市场上销售一些 P5，避免库存太多，给竞单太大的压力。实际选单的时候，我们不断地记录另一组生产 P5 队伍的接单情况，粗略计算他们留给竞单市场的产能不多后，做了个很大胆的决定——调整计划,把预计库存由4个变成8个。

竞单会中16个的P5分了4张单,数量分别是3、5、4、4,而我们最少要接到2张单才能把货出完。我们在纸上事先已经把全部P5单的价格写好,第一张P5竞单是为了"试水",看一下另一支队伍的反应,所以我们始终抱着侥幸心理,希望以3倍价格拿到最高价单,然而3倍价格没有出现,成交价在150万元上下,单也没有落在我们手上。看到对手拿到一张单,我们心中暗喜,他们已经没有库存了,剩下的都是我们的。然而我们还是因为紧张写错了一张订单的交货期,拿到订单以后我们才发现这个情况,队友们面如土色。"我们可以紧急采购,就当没拿到这张订单",我低声安慰队友。我们还有机会,还有多余的竞单可以拿。最终我们拿到了剩余的P5竞单,完成了今年的销售。而在看到现金极多时,我们马不停蹄地调整今年的战略,由2自2柔改为8柔,同时由于P5市场的饱和,我们研发了另外3种产品初步确立了十面张网的计划(十面张网即通过大量的柔性线完成多种产品之间的生产计划调整)。

赛后与A赛区、C赛区的队伍交流,有两组跟我们相似方案的队伍在第3年抢单过程中由于紧张出现错过交货期等情况,其中一组直接破产,可见在比赛时精神必须高度集中,不能犯低级错误,这是对比赛队员最基本的要求。

有惊无险的第3年过去了,接下来的三年比的就是耐力了,由于我们在初期确立了四面开花的多产品战略优势,因此我们本年只需要把原来的4条租赁线换成新的柔性线,如果有多余的钱还能买回一些厂房。因为研发了其余3种产品,所以我们的产品结构以P5为主,P2、P3、P4为辅。而且由于产品种类很多,所以我们并不需要投太多的广告,只需要每种产品都摸一张单就好(今年P5产品还是有些人进场的,所以我们的P5广告多投了一些)。

第4年我们有12条柔性线在生产,同时又建了4条柔性线,下一年完成生产线满线生产。今年年初由于材料费比较多,我们只买回了2个大厂房,但要相信我们把厂房全买回来只是时间问题。今年我们可以销售40个产品,共计12个P5、8个P2、4个P3、4个P1(P1由于要当P4的原材料,就不卖了)。第4年净利润400多万元,目前权益第一遥遥领先。

第5年我们打算进场P4产品节约广告费用,同时保持P5市场占有率基本不变,今年我们有16条柔性线,产能总计12×4+4×3=60(个)。60个产品怎么卖才好呢?其实很简单,由于P4、P5需要低端产品作为原材料,所以P4、P5其实一个就可以当作两个产品去算!所以,我们预计有15个P5可以销售,P4打算销售8个,又有了16个,剩余卖10个P2、4个P3,销售完毕。第5年我们就差不多有别人第6年的产能,今年净利润800多万元。

决定胜负的第6年来了,虽然我们一路遥遥领先,但仍然不能掉以轻心。今年市场相对比较宽松,但我们还是投了600多万元的广告,其他竞争激烈的产品单个市场已经100多万元了,总额甚至有1000多万元,选单会上我们的P5有3个首单,因此销售16个P5难度不大。而剩余副产品由于数量较小,销售难度也不高,在市场上我们已经基本完成了销售任务。但转念一想,虽然我们处于领先位置,但还是不能掉以轻心,为了防止有人通过竞单提升权益,我们还是决定留下两个库存用于竞单。第6年竞单的时候,大多数队伍都想杀出重围,纷纷高价竞单,但偏偏有一些队伍低价出货,导致整个竞单会的平均单价只有成本的 2 倍甚至更低。看着竞单市场如预想中一样都是低价出货，我们的心也放了下来。虽然最后低价出了 2 个货，但我们总的销售额非常不错，净利润有 1000 多万元。最终我们有惊无险地拿下了本次比赛的冠军。

3．赛后反思

本次比赛我们开局占据优势，同时充分利用了第三年的竞单，拉开了与其他组的差距，在战略的选择上也有自己独到的见解。利用前期的战术优势调整了中后期的战略，形成了多产品发展的战略，为最后取得比赛胜利奠定了基础。

纵观整个赛区，5 种产品竞争最激烈的是 P3，然而 P3 利润太高了，虽然广告额单个市场平均超过 100 万元，但还是有相当高的利润空间，从 6 组生产到 9 组生产就可以说明，大部分想胜出的队伍都不会放过 P3 这块"肥肉"。

此外，大部分队伍都有一个同样的想法，要赢得比赛，就必须要选择最高利润的两种产品，比赛数据也反映了这一点，生产 P5 基本上都会生产 P3。为了达到最高净利润，不惜花巨额广告费抢单，大收大支，而生产 P1、P2、P4 产品的组就默默地在后面紧跟着寻求突破。生产线方面，很多队伍都选择了使用自动线或者柔性线开局，第 3 年由于市场扩张再增加租赁线，等后期资金充裕时就把租赁线换成自动线以求加分。

前期广告方面的竞争其实并不激烈，主要原因是前期 P3 竞争不激烈，后期竞争较为激烈，同时由于后期生产 P5 的队伍较多，因此打起了广告大战，P3、P5 的广告均居高不下，相比其他赛区，本区的广告偏高。

项目小结

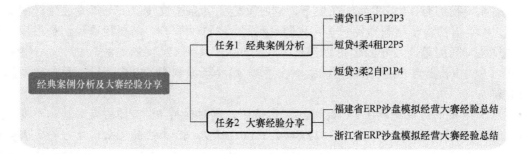

问题与思考

1．从经典案例中，你学到了哪些关键点？在方案设计过程中，你会注意哪些细节？
2．如何分析比赛规则及市场订单？如何根据市场的变化调整企业的经营规划？
3．从大赛经验分享中，你学到了什么？对你有哪些启示？
4．比赛结束后，你会从哪些方面进行总结？如何更好地提升比赛效果？

附　　录

附　录　A

ERP 沙盘模拟实训日志

专　　业　_____

班　　级　_____

姓　　名　_____

学　　号　_____

指导教师　_____

实 训 日 志

实训时间 _____ 实训课程标题 _____
实训团队人数 _____ 实训团队成员 _____

一、实训目的

二、实训要求

三、实训内容

四、实训结果分析

实 训 日 志

实训时间 _____ 实训课程标题 _____
实训团队人数 _____ 实训团队成员 _____

一、实训目的

二、实训要求

三、实训内容

四、实训结果分析

实 训 日 志

实训时间 _____ 实训课程标题 _____
实训团队人数 _____ 实训团队成员 _____

一、实训目的

二、实训要求

三、实训内容

四、实训结果分析

实 训 日 志

实训时间 _____ 实训课程标题 _____
实训团队人数 _____ 实训团队成员 _____

一、实训目的

二、实训要求

三、实训内容

四、实训结果分析

实 训 日 志

实训时间 _____ 实训课程标题 _____
实训团队人数 _____ 实训团队成员 _____

一、实训目的

二、实训要求

三、实训内容

四、实训结果分析

附录 B 实 训 总 结

实 训 总 结

实 训 评 语	实 训 成 绩

参 考 文 献

[1] 喻竹，等．电子沙盘应用教程：新道新商战[M]．北京：高等教育出版社，2016．
[2] 何晓岚，等．商战实践平台指导教程[M]．北京：清华大学出版社，2012．
[3] 何晓岚，等．ERP沙盘模拟指导教程——实物+电子+人机对抗[M]．北京：清华大学出版社，2016．
[4] 路晓辉，陈晓梅．沙盘模拟原理及量化剖析[M]．北京：化学工业出版社，2010．
[5] 李爱红，等．ERP沙盘实训教程[M]．北京：高等教育出版社，2015．
[6] 吕永霞．ERP企业经营模拟沙盘实训指导教程[M]．长春：东北师范大学出版社，2014．
[7] 姚海鑫．财务管理学[M]．北京：清华大学出版社，2013．
[8] 董红杰，吴泽强．企业经营ERP沙盘应用教程[M]．北京：北京大学出版社，2012．
[9] 刘平．ERP沙盘模拟管理综合实训手册[M]．北京：机械工业出版社，2010．
[10] 攀晓琪．ERP沙盘实训教程及比赛全攻略[M]．上海：立信会计出版社，2009．